La predicación en el siglo XXI

Homilética Liberacional y Contextual

editorial clie

Pablo A. Jiménez

Dedico este libro a todas las mujeres hispanoamericanas que predican con pasión el evangelio de Jesucristo. Que Dios las bendiga hoy y siempre.

EDITORIAL CLIE
E.R. n.º 2.910-SE/A
C/ Ferrocarril, 8
08232 VILADECAVALLS (Barcelona) ESPAÑA
E-mail: libros@clie.es
Internet: http:// www.clie.es

LA PREDICACIÓN EN EL SIGLO XXI.
Homilética liberacional y contextual

Copyright © 2009 por el autor Pablo A. Jiménez
Copyright © 2009 por Editorial CLIE para la presente edición en español

Todos los derechos reservados

Cualquier forma de reproducción, distribución, comunicación pública o transformación de esta obra solo puede ser realizada con la autorización de sus titulares, salvo excepción prevista por la ley.
Diríjase a CEDRO (Centro Español de Derechos Reprográficos, http://www.cedro.org) si necesita fotocopiar o escanear algún fragmento de esta obra.

ISBN: 978-84-8267-475-9

Impreso en Colombia

Printed in Colombia

Clasifíquese:
0318 HOMILÉTICA:
Libros de Homilética
CTC: 01-04-0318-13
Referencia: 224720

ÍNDICE

Prólogo 07
Introducción 09
Bosquejo del libro 15
Agradecimientos 19
1. Nuevos horizontes en la predicación 21
Primera sección: Predicación y cultura
2. Fuentes teológicas y sociales de la predicación ...45
3. Predicación y postmodernidad 59
4. Hacia una homilética postcolonial 85
Segunda sección: Teología y diseño del sermón
5. Teologías de la predicación 105
6. Hermenéutica y predicación 125
7. Diseño avanzado del sermón 149
8. Cómo planear la predicación 177
Tercera sección: Ejemplos de sermones inductivos
9. Otro lugar 193
10. La casa del extranjero 203
11. El carácter de Dios 209
12. El secuestro de la verdad 217

PRÓLOGO

En torno a la homilética liberadora

Una vez más nos sorprende el buen hermano y amigo, Dr. Pablo Jiménez, con un magnífico libro sobre el tema de la predicación. En esta ocasión, sin embargo, no se trata de un manual inicial o una obra introductoria al tan importante tema para los creyentes e iglesias en el siglo veintiuno, sino de un estudio avanzado, un libro serio referente a la predicación que libera, transforma y responde a las necesidades de las personas.

Predicación para el siglo 21: Homilética liberacional y contextual es un libro fresco y grato que trata nuevamente los temas homiléticos, desde una perspectiva avanzada y profunda. Y aunque presupone la obra que el lector y lectora ya están iniciados en estos temas, alguien que recién comienza en estas tareas de comunicación del evangelio también será muy bendecido con estas lecturas y reflexiones.

El libro consta de tres partes básicas, divididas en doce capítulos. Entre los asuntos mayores que se exponen y analizan en la obra, se encuentran los siguientes: La importante relación entre la predicación y la cultura, en las que el Rvdo.

Jiménez identifica no solo algunos recursos homiléticos para la predicación contextual y relevante, sino que expone algunos de los desafíos extraordinarios que deben enfrentar las personas que predican y las congregaciones que escuchan el mensaje. La segunda sección del libro relaciona el diseño real y concreto del sermón con la teología. En esta ocasión el autor pone de manifiesto, no solo sus buenas capacidades de predicador, sino que revela con claridad sus conocimientos amplios de la literatura teológica contemporánea. En la tercera y final sección del libro, nuestro autor sale del mundo de las recomendaciones teóricas e hipotéticas para llegar a la realidad homilética: Presenta cuatro ejemplos concretos de sermones liberadores y pertinentes.

Las personas que lleguen a este libro con deseos de aprender y crecer serán muy positivamente sorprendidas por la capacidad de análisis del autor y también por sus virtudes de comunicación sencilla. Este buen trabajo del pastor Jiménez pone de manifiesto, de forma clara y contundente, un camino extraordinario que nos puede llevar a mejorar considerablemente nuestros sermones. Esta obra, que debe convertirse en lectura obligada en institutos bíblicos y seminarios, es también un muy buen recurso para los hombres y las mujeres que continuamente están inmersos en la reflexión teológica crítica que presupone la predicación relevante y renovadora.

Le damos la más grata de las bienvenidas a este nuevo libro de Pablo Jiménez, quien ya nos tiene acostumbrados a este tipo de obras de calidad y pertinencia. Felicitamos al autor por acercarnos de nuevo a un viejo tema con herramientas modernas y contemporáneas y con ojos frescos y noveles.

Dr. Samuel Pagán

INTRODUCCIÓN

Cuando mi hijo mayor, Antonio José, estaba terminando el tercer año de primaria, una de sus maestras me indicó que necesitaba mejorar su manejo de las tablas de multiplicar. Después de pensarlo un poco, me dirigí a una tienda de productos electrónicos para comprar un programa de computadoras que ayudara a Tony a mejorar sus destrezas en el área de las matemáticas. Al llegar a la tienda, encontré toda una serie de programas educativos para niños. Son juegos electrónicos que requieren la solución de problemas matemáticos; programas audiovisuales que combinan el juego y la diversión con el estudio de la disciplina. También hay programas que facilitan el aprendizaje de otras áreas, tales como los idiomas, la historia y la gramática.

En cierta manera, estos programas educativos ejemplifican los cambios que están ocurriendo en la sociedad actual. La forma en que los humanos aprendemos a hacer las cosas —lo que los filósofos llaman «epistemología»— está cambiando rápida y dramáticamente. Ha quedado atrás la época donde todo se aprendía de los libros; la era cuando los únicos materiales «audiovisuales» disponibles eran el lápiz, el papel y el pizarrón.

Los medios de comunicación masiva —la radio, el cine, la televisión, los lectores de archivos en formato MP3, las redes de computadoras (Internet) y otros aparatos electrónicos— transmiten información por medio de texto, imágenes y sonidos en movimientos coordinados, combinando así el aprendizaje con el entretenimiento. Los libros, comparados con los videos o con los programas para computadoras, parecen estáticos y aburridos. Sí, la tecnología está cambiando la manera en que se aprende.

Estos avances tecnológicos también están afectando la forma como se escucha y recibe el mensaje del evangelio de Jesucristo. Años atrás, el sermón, el estudio bíblico y la escuela bíblica dominical eran los principales medios para la proclamación del evangelio en la América de habla hispana. Esto también ha cambiado dramáticamente.

Ahora se comunica el mensaje cristiano por medio de la radio y la televisión. Ahora se transmite el mensaje de Cristo por medio de películas y videos musicales. Ahora se encuentran hasta programas para computadoras que ayudan en el estudio de la Biblia y la enseñanza de la fe cristiana. Hace unos años, si un pastor o una pastora predicaban un sermón impactante, los feligreses le pedían que lo repitiera. Hoy le piden copia del sermón, preferiblemente en «CD».

Ahora bien, los medios de comunicación masiva no solo están cambiando la manera en que los seres humanos aprendemos a hacer las cosas; también están cambiando los «contenidos», es decir, lo que se aprende. Esto se debe a que la tecnología facilita el intercambio de información. Antes la transmisión de información era algo difícil y costoso. La publicación de un libro era un proceso largo y arduo. En la mayor parte de nuestros países, apenas había unos pocos canales de televisión. Recibir información del exterior rápidamente era casi imposible. Y las computadoras eran máquinas gigantescas que solo las grandes compañías comerciales podían adquirir.

Todo esto ha cambiado. Ahora cualquier persona dispuesta a invertir unos cuantos miles de dólares puede presentar sus ideas por medio de algún programa de radio, de televisión, una revista, o una página matriz —lo que en inglés se conoce como un *web page* o un *web site*— en Internet. Las emisoras de radio y los canales de televisión se han multiplicado; las computadoras facilitan la publicación de periódicos, libros y revistas; la comunicación telefónica es más ágil; y el correo electrónico —conocido en inglés como *e-mail*— nos permite enviar documentos en forma inmediata. Estos medios de comunicación masiva facilitan también la comunicación con el resto del mundo. La televisión por cable y por satélites nos permite ver canales cuyas señales se originan en otros países. Hoy es posible que tres jóvenes —uno en Puerto Rico, otra en la Argentina y otro en Costa Rica— vean simultáneamente el mismo vídeo musical, transmitido desde los Estados Unidos.

El problema radica en que los medios de comunicación masiva no son moralmente neutrales. La información que transmite cada medio comunicativo presenta, defiende y avanza ciertos valores e ideas. Dicha información se escoge sobre la base de los valores y las ideologías de las personas que dirigen la compañía. También se escoge sobre la base de un plan de mercadeo que busca alcanzar a cierto segmento de la población.

Tomemos, por ejemplo, los canales de televisión dedicados a transmitir videos musicales. En los Estados Unidos, hay varios canales dedicados a trasmitir diversos estilos musicales. Uno transmite solo música *rock*; otro, baladas románticas; otro, música campesina (conocida en inglés como *country music*); otro, música afroamericana; y aun otro, música latina. Cada uno de estos canales busca alcanzar a un segmento distinto de la población: el *rock* es dirigido a estudiantes de escuela superior y de universidad; las baladas, a profesionales menores de cuarenta años; la música campesina, a personas en el sur de los

Estados Unidos; la música *rap*, *hip-hop* y *rhythm & blues*, a la población afroamericana; y la música latina, a la comunidad de habla hispana. Cada estilo musical también transmite ideas y valores distintos: en términos generales, el *rock* exhorta a la rebeldía y a buscar la diversión; las baladas llaman a la búsqueda del romance y el placer; la música campesina recalca la importancia de la búsqueda de la felicidad personal; la música afroamericana combina la búsqueda del placer y el romance con una crítica a la cultura blanca que domina los Estados Unidos; y la música latina afirma la identidad de la comunidad hispana. Todos estos videos comparten un «contenido» particular: son individualistas. Todos recalcan la importancia de buscar el éxito y la felicidad personal, presentando estos elementos como las metas fundamentales de la vida humana.

Lo anterior es solo un ejemplo de la inmensa variedad de mensajes que transmiten los medios de comunicación masiva a comienzos del siglo XXI. La verdad es que tanto en la televisión como en Internet, podemos encontrar cualquier cosa, desde mensajes religiosos de todo tipo hasta las formas más repugnantes de pornografía. Esta explosión informativa ha tenido un resultado sorprendente e inesperado: el relativismo. La humanidad está recibiendo tantos mensajes contradictorios al mismo tiempo, que se está convenciendo de que la verdad no existe. La gente está perdiendo la fe en la verdad. Cada día hay más personas que afirman que la verdad es relativa; que cada cual tiene que buscar su propio camino; que si algo es agradable tiene que ser «bueno»; que si algo es divertido tiene que ser «apropiado»; y que cada persona puede hacer lo que quiera siempre y cuando «no le haga mal a nadie».

A manera de ejemplo, basta considerar el cambio en las actitudes hacia la sexualidad humana que están ocurriendo en nuestros medios. Hace unos años, la sociedad condenaba la homosexualidad, y rara vez se mencionaba en público. Hoy son comunes los programas de televisión que exaltan y hasta promueven la homosexualidad.

Estos cambios en los valores de nuestra sociedad también están afectando la predicación del evangelio a comienzos del siglo XXI. La Iglesia de Jesucristo intenta predicar el evangelio en un mundo que afirma que «todas las religiones son buenas»; intenta predicar la verdad de Dios en un mundo que ha llegado a creer que la verdad no existe; intenta predicar el bien en un mundo que no tiene criterios claros para discernir entre lo bueno y lo malo. El resultado de todo esto es que la humanidad está comenzando a ver a la Iglesia cristiana como una voz más en un gran mercado de ideas.

Esto nos lleva a preguntarnos cuál podrá ser el futuro del sermón en el siglo XXI. Si comparamos los sermones que se escuchan regularmente en nuestras iglesias locales con los nuevos y excitantes medios audiovisuales disponibles hoy, veremos que el sermón está en peligro. Si consideramos que el contenido del sermón tiene que competir con los miles de mensajes contradictorios que transmiten los medios de comunicación masiva, concluiremos que lo que está en juego es la credibilidad del evangelio de Jesucristo.

Por todas estas razones, afirmamos que la enseñanza y la práctica de la predicación en la América de habla hispana están en una encrucijada. La realidad que enfrenta la Iglesia de Jesucristo a comienzos del siglo XXI nos obliga a evaluar, a examinar y a transformar nuestra manera de predicar el evangelio. Quienes ejercemos el ministerio de la predicación a comienzos de este siglo debemos desarrollar nuevos modelos homiléticos que nos ayuden a comunicar el evangelio de manera efectiva. Estos nuevos modelos deben reflejar los avances tanto en el mundo de la teología contemporánea como en el de la comunicación del evangelio. Este es, precisamente, el propósito de este libro.

BOSQUEJO DEL LIBRO

Este libro recoge doce ensayos y sermones escritos a través de los pasados años. El primero se titula «Nuevos horizontes en la predicación» y resume algunos de los avances en la homilética contemporánea. Este artículo se publicó originalmente en el libro *Púlpito cristiano y justicia social*, publicado en el 1994. Este escrito sirve de introducción a todo el libro.

La primera sección del libro se titula «Predicación y cultura», y agrupa tres ensayos sobre el tema. El primero se titula «Fuentes teológicas y sociales de la predicación», el cual recoge el texto de las conferencias que formó parte de la Cátedra Casalis, que presenté en la Fraternidad Evangélica de Estudios Teológicos en Managua, Nicaragua. Este artículo se publicó originalmente en la revista *Misión Evangélica Hoy*, volumen 13, en el 2004.

El título del tercer capítulo es «Predicación y postmodernidad», y contiene el texto que presenté en la conferencia magistral del Congreso de Teología 2006, celebrado en la Universidad Interamericana, Recinto Metropolitano, en San Juan, Puerto Rico. El cuarto capítulo se titula «Hacia una homilética postcolonial» y explora la contribución del Dr.

Justo L. González a la disciplina. Este ensayo se publicó originalmente en inglés, en el libro *Hispanic Christian Thought At the Dawn of the 21st Century: Apuntes in Honor of Justo L. González* (Pensamiento hispano-cristiano en el principio del siglo XXI: apuntes en honor a Justo L. González) en el 2005.

La segunda sección del libro se titula «Teología y diseño del sermón», y trata sobre asuntos relacionados con los lugares teológicos tradicionales sobre el arte cristiano de la predicación. Esta sección contiene cuatro capítulos. El primero es «Teologías de la predicación» y también formó parte de la Cátedra Casalis. Fue publicado en *Trazando con excelencia la palabra de verdad: Seminario de predicación*, editado por Ismael Martín del Campo para la Iglesia Apostólica en Los Ángeles, California, en 2005. El sexto capítulo del libro se titula «Hermenéutica y predicación», y es una versión actualizada del ensayo titulado «Estudio bíblico y hermenéutica: Implicaciones homiléticas». Este fue publicado en el libro *Lumbrera a nuestro camino*, editado por este servidor y publicado por la Editorial Caribe en el 1994.

El título del séptimo capítulo es «Diseño avanzado del sermón» y explora varias formas de predicación inductiva. Este se publica por primera vez. El octavo capítulo es titula «Cómo planear la predicación» y fue publicado originalmente en la revista *Apuntes*, volumen 21, en el 2001.

La tercera y última sección contiene cuatro sermones inductivos que ejemplifican la teoría presentada en los capítulos anteriores. El primero se titula «Otro lugar» y ejemplifica la predicación en clave postcolonial. Este sermón expositivo fue predicado en la Asamblea Bienal de la Asociación para la Educación Teológica Hispana (AETH) celebrada en agosto de 2002 en las instalaciones del *Austin Presbyterian Theological Seminary* (Seminario teológico presbiteriano de Austin). También fue publicado originalmente en la revista *Apuntes*, volumen 24, en el 2004.

El décimo capítulo contiene el sermón titulado «La casa del extranjero», diseñado de acuerdo a las técnicas desarrolladas por Eugene Lowry. El sermón titulado «El carácter de Dios» se encuentra en el undécimo capítulo. Se caracteriza por la forma como fundamenta la misión cristiana en los valores que definen quién es Dios. El sermón que cierra el libro se titula «El secuestro de la verdad» y explora el mensaje de Romanos a la luz de las teorías antropológicas de Marc Augé, uno de los pensadores cuya obra se comenta en el tercer capítulo del libro.

Ofrecemos estas ideas con la esperanza de ayudar tanto a quienes practican como a quienes enseñan el arte de la predicación a comienzos del siglo XXI. De hecho, creemos que todas estas ideas sobre los distintos cambios y avances en el estudio y la práctica de la predicación pueden señalar el camino para el desarrollo de una homilética pertinente para la realidad tanto del pueblo latinoamericano como del pueblo hispano que reside en los Estados Unidos.

AGRADECIMIENTOS

Claro está, no puedo terminar esta introducción sin los agradecimientos de rigor. En primer término, agradezco a la Editorial CLIE la confianza que deposita en nosotros al publicar este recurso para la predicación contemporánea. Segundo, le doy las gracias al Dr. Samuel Pagán por la presentación para este escrito y por haberme exhortado a publicar estos materiales homiléticos. Tercero, reconozco que las ideas presentadas en estos ensayos y sermones fueron desarrolladas en diálogo con dos excelentes maestros y amigos, el Dr. Ronald J. Allen, profesor de Nuevo Testamento y Predicación en el Seminario Teológico Cristiano en Indianápolis, y el Dr. Walter Brueggemann, profesor de Antiguo Testamento en el Seminario Teológico Columbia en Decatur, Georgia.

Finalmente, agradezco el respaldo de mi hermosa familia: de mi esposa, Glorimar, y de mis hijos, Antonio José, Paola Margarita y Natalia Isabel. A ellos tres, quienes apenas comienzan a vivir a los albores del siglo XXI, va dedicado este libro.

CAPÍTULO 1

Nuevos horizontes en la predicación

I. Introducción

Los seres humanos reaccionamos diferente a distintas situaciones. Lo que es más, aun cuando nos encontremos ante un mismo hecho, podemos percibirlo de manera distinta. Esa percepción determinará nuestra respuesta a la situación. Tomemos, por ejemplo, la parábola de los talentos (Mt. 25:14-30). En esta historia, encontramos tres personajes que reaccionan de manera distinta ante la misma situación. Los tres hombres trabajaban para el mismo jefe quien, poco antes de irse de viaje, les confía distintas cantidades de dinero. Los primeros dos empleados vieron la situación como una oportunidad que debían aprovechar, procedieron a invertir el dinero y obtuvieron ganancias. El tercero, entendió que la situación era sumamente peligrosa. Pensó que, si perdía el dinero, su patrón iba a estar disgustado con él y decidió esconder el capital. Cuando el viajero volvió, los primeros dos empleados le presentaron las ganancias y recibieron palabras de elogio. Sin embargo, el tercero —quien había visto la situación con temor— entregó la cantidad de dinero original y fue castigado duramente por su jefe. En esta oportunidad, el temor y la cautela no rindieron fruto.

El comienzo del siglo XXI presenta una situación similar. Estamos viviendo un momento de profundos cambios sociales en el cual está colapsando el racionalismo que cimentó el desarrollo de la sociedad occidental desde la Ilustración. Poco a poco, está emergiendo una nueva etapa en la historia humana: la Postmodernidad.

Examinemos brevemente esta afirmación.[1]

El siglo XVI fue un momento clave en la historia de la humanidad. Marcó el apogeo del Renacimiento y el comienzo de la Reforma protestante, movimientos que coincidieron con empresas, tales como la conquista de América, la exploración del continente africano y la apertura de nuevas rutas comerciales al Oriente. Sobre esta base, el mundo occidental vio durante el siglo XVII el nacimiento de nuevos modos de pensar y de nuevas maneras de entender la realidad. Las nuevas bases ideológicas se caracterizaron por el racionalismo (expresado por medio del discurso abstracto), la búsqueda de objetividad (ejemplificada por el método científico), el progreso (entendido como avance técnico) y el individualismo. El mundo se veía como una gran máquina que —bajo el liderazgo de la cultura blanca angloeuropea— se dirigía inexorablemente hacia un futuro mejor. Estas nuevas bases filosóficas provocaron el advenimiento de la Era Moderna.

Como es de esperar, la teología europea evolucionó siguiendo las pautas de la Modernidad. De esta manera, nacieron métodos «científicos» para estudiar la Biblia que —empleando los criterios racionalistas desarrollados a partir de la Ilustración— buscaban determinar con certitud tanto la

---

[1] Aquí seguimos a Walter Brueggemann (1993): *Texts Under Negotiation: The Bible and Postmodern Imagination* (Textos bajo negociación: la Biblia y la imaginación postmoderna), Minneapolis, EE. UU., Fortress Press.

historia sagrada como el mensaje evangélico. Estos mismos criterios determinaron, además, el desarrollo de la homilética moderna. Así el sermón se convirtió en discurso que, siguiendo un orden lógico, apelaba a la razón de los oyentes; el predicador se dedicaba a exponer «las verdades bíblicas»; y la predicación se definía como «la comunicación de la verdad por medio de un hombre a los hombres».[2]

Como indicamos anteriormente, el final del siglo XX fue testigo del colapso de la Modernidad.[3] Hoy se entiende que la verdad tiene cierto grado de relatividad, que no es posible lograr completa objetividad, y que la razón debe ser complementada por el sentimiento y la intuición. El «progreso» suscitado por los avances científicos ha traído consigo armas para la destrucción masiva, crisis ecológica y la explotación del «tercer mundo» a manos del «primero». El dominio de la cultura blanca occidental está llegando a su fin. El mundo está distanciándose de la ideología racionalista que fundamentó la Era Moderna. Estamos entrando a la Era Postmoderna.[4] El mundo teológico ha entrado en diálogo con los criterios de la postmodernidad.

Esto se ve claramente en la fragmentación que ha sufrido la teología en los últimos años.[5] La hegemonía europea ha quedado atrás, dando paso al nacimiento de teologías que expresan distintas perspectivas étnicas e ideológicas.[6] En este nuevo

---

[2] Esta es la famosa definición de Phillips Brooks: *Lectures on Preaching* (Conferencias sobre sermones), Grand Rapids, EE. UU., Zondervan Publishing House, p. 5.

[3] Para una comparación de la cosmovisión moderna y la postmoderna, véase el artículo de Ronald J. Allen: *«New Directions in Homiletics»* («Nuevas direcciones en homilética»), *Journal for Preachers* (Revista para predicadores) 16:3 (1993), pp. 20-26.

[4] Para una introducción accesible al Postmodernismo, véase a Jean-François Lyotard (1984): *The Postmodern Condition: A Report on Knowledge* (La condición postmoderna: un informe sobre el conocimiento), Minneapolis, EE. UU., University of Minnesota Press.

[5] Para una introducción a la teología contemporánea, véase el libro de Lonnie D. Kliever (1981): *The Shattered Spectrum: A Survey of Contemporary Theology* (El espectro destrozado: un estudio sobre la teología contemporánea), Atlanta EE. UU., John Knox Press.

[6] Susan Brooks Thistlewaite y Mary Potter Engel han editado una introducción a las teologías tercermundistas llamada *Lift Every Voice: Constructing Christian Theologies*

escenario teológico, América Latina ha jugado un papel crucial.[7] Las nuevas teologías latinoamericanas son inductivas, ya que parten de la realidad del pueblo, no de la teoría; dejan a un lado el lenguaje abstracto; valorizan la práctica de la fe; aprecian lo autóctono y lo comunitario (sospechando del individualismo europeo); y buscan nuevas herramientas en las historias de nuestros pueblos para comunicar el mensaje del evangelio.

Lamentablemente, la reflexión teológica latinoamericana no le ha prestado mucha atención al campo de la predicación. En la mayor parte de las escuelas teológicas, se siguen empleando textos que enseñan al estudiante a diseñar sermones siguiendo los modelos racionalistas del pasado.[8] Estos modelos proposicionales, individualistas y con estructura de monólogos contradicen las nuevas teologías inductivas y comunitarias.[9] La frustración con los modelos tradicionales es tal que algunos han optado por abandonar la práctica de la predicación, indicando que prefieren comunicar el evangelio por medio de estudios bíblicos donde puedan entrar en diálogo con la congregación.

Una situación similar surgió en los Estados Unidos a finales de la década del 1960, cuando algunos teólogos preguntaron si

---

from the Underside (Levanten todas las voces: teologías cristianas constructivas del tercer mundo), San Francisco, EE. UU. Harper (1990).

[7] Samuel Silva Gotay ha escrito una magnífica introducción a la teología latinoamericana titulada *El pensamiento cristiano revolucionario en América Latina y el Caribe: Implicaciones de la teología de la liberación para la sociología de la religión*, San Juan, PR, Editorial Cordillera/ Ediciones Sígueme (1983).

[8] Algunos escuelas teológicas usan los manuales de C.H. Spurgeon (1950): *Discursos a mis estudiantes*, El Paso, EE. UU., Casa Bautista de Publicaciones; y Juan A. Broadus (1952): *Tratado sobre la predicación*, El Paso, EE. UU., Casa Bautista de Publicaciones. El libro de Spurgeon fue publicado originalmente en 1875 y el de Broadus en 1898.

[9] Este sistema ha llegado a Hispanoamérica por medio de manuales ingleses y norteamericanos, tales como los de Spurgeon y Broadus. Los demás manuales de predicación publicados en América Latina, en su mayoría, siguen el mismo modelo. Entre estos podemos contar el de James D. Crane (1961): *El sermón eficaz*, El Paso, EE. UU., Casa Bautista de Publicaciones; y el de Orlando Costas (1973): *Comunicación por medio de la predicación*, San José, Costa Rica, Editorial Caribe. Debemos mencionar que Cecilio Arrastía se aparta un tanto del modelo tradicional en *Teoría y práctica de la predicación*, Miami, EE. UU., Editorial Caribe (1992).

la predicación como disciplina había llegado a su fin.[10] La búsqueda de una respuesta a esta pregunta motivó el nacimiento de una nueva escuela de homilética norteamericana. Esta escuela rompió con el molde racionalista tradicional y se aventuró a explorar nuevas perspectivas sobre el diseño, el contenido y la presentación del sermón. La meta de esta nueva escuela es desarrollar modelos homiléticos coherentes con las nuevas perspectivas teológicas y pertinentes a las nuevas realidades sociales.

Nosotros también debemos desarrollar nuevos modelos homiléticos que nos ayuden a comunicar el evangelio a la comunidad hispanoamericana con efectividad en la era postmoderna. Este no es momento para «enterrar el talento», sino para invertirlo y obtener ganancia. Los nuevos modelos deben reflejar los avances tanto en el mundo de la teología contemporánea como en el de la comunicación. Un primer paso en esta dirección sería entrar en diálogo con la nueva escuela de homilética norteamericana. Este es, precisamente, el propósito de este capítulo.

A continuación presento algunos de los cambios que ha provocado esta escuela en el estudio y la práctica de la predicación contemporánea. Específicamente, exploraré sus aportes en las áreas del diseño, el contenido y la presentación del sermón. Creo que estos avances pueden señalar el camino para el desarrollo de una homilética pertinente para la realidad tanto del pueblo latinoamericano como del pueblo hispano que reside en los Estados Unidos.

II. Cambios en el diseño del sermón

El sermón tradicional se compone de cuatro partes principales: la introducción, la presentación del tema o «proposición», el

---

[10] Esta era la premisa de Clyde H. Reid en *The Empty Pulpit* (El púlpito vacío), New York, EE. UU., Harper and Row (1967).

desarrollo y la conclusión. Por lo regular, el desarrollo se divide en «puntos». Estos no son otra cosa que los títulos de las partes principales del desarrollo. Es común dividirlo en tres puntos. Esta práctica se remonta a los escritos de san Agustín quien, basado en la retórica de Aristóteles, creó el sermón de la «triple apelación». Este divide su desarrollo en tres partes. La primera apela «a la razón», la segunda «al corazón» y la tercera «a la voluntad» de la audiencia. Los puntos se dividen a su vez en «incisos», es decir, en unidades de pensamiento que hacen avanzar el argumento del sermón. Estas subdivisiones se estructuran de acuerdo a los «procesos retóricos». Estos son: narración, ilustración, aplicación, argumentación, exhortación, definición, interrogación, descripción, ejemplificación y comparación.

Sin duda, el sermón tradicional ha sido útil para la comunicación del evangelio a través de los siglos. Del mismo modo, es una forma básica que todo estudiante de predicación debe aprender a dominar. Sin embargo, esta forma sermonaria presenta toda una serie de problemas. Entre ellos podemos enumerar los siguientes:

a. Es racionalista: El sermón tradicional parte de una premisa general, un tema o una proposición que la audiencia debe aceptar como cierta. Es decir, parte de una «verdad» que la congregación debe aceptar a priori. Esta forma sermonaria desciende de lo general a lo particular; deriva lo concreto a partir de una idea abstracta. En una palabra, el sermón tradicional sigue una lógica deductiva.

b. Es abstracto: Este tipo de sermón privilegia el lenguaje abstracto relegando las historias y las imágenes literarias al plano de la mera «ilustración». La narración queda al servicio de las ideas.

c. Es autoritario: El sermón tradicional recalca la autoridad de la persona que predica, ya que parte de una idea que la audiencia debe aceptar como «verdad». Los oyentes deben aceptar como ciertas las aseveraciones de quien predica. Esto implica que la congregación no tiene espacio para disentir. Quien cuestiona el sermón está cuestionando la verdad del evangelio.

d. Es un monólogo: Los roles de cada cual quedan claros en este modelo. El predicador expone, la congregación escucha. La predicadora afirma, la audiencia asiente.

e. Divide la forma del contenido: Quizás el mayor problema de la forma sermonaria tradicional es que presume que todos los textos bíblicos pueden predicarse de la misma manera. La forma no varía, no importa si el texto que sirve de base al sermón es un salmo, una parábola, un discurso profético o una revelación apocalíptica. Esto se debe a que la homilética tradicional entiende que es posible separar la forma del contenido del texto; cree que es posible «extraer» el mensaje del pasaje bíblico y «verter» su contenido en esta forma sermonaria.

Como indicamos anteriormente, la década de los sesenta marcó un momento de crisis en el desarrollo de la homilética contemporánea. Estos fueron años de protesta, de desafío a la autoridad, de afirmar la importancia del amor y de llamar a la vida en comunidad. El sermón deductivo tradicional representaba todo aquello contra lo cual la juventud estaba protestando.

Con esto no quiero glorificar la década de los sesenta. Todos conocemos los excesos a los cuales llegó. Tampoco quiero condenar a todas las personas que predicaron durante estos años. Los buenos predicadores, de manera instintiva, siempre han logrado distanciarse de los defectos del sermón deductivo-tradicional. Las buenas predicadoras, de manera casi innata, desarrollan sermones que llegan al corazón de la congregación. No obstante, la realidad es que el sermón deductivo-tradicional presenta serios problemas como modelo homilético, problemas que varios estudiosos de la homilética moderna han tratado de superar.

A continuación discutiremos los cambios más importantes que han ocurrido en el campo del diseño del sermón en los últimos años.[11]

1. La lógica del sermón

Como indiqué anteriormente, el sermón tradicional sigue una lógica deductiva, ya que parte de una «verdad» que debe ser aceptada como tal. Esta característica le da al sermón tradicional su movimiento descendente y su sabor autoritario. Para superar este defecto, Fred B. Craddock propuso un nuevo modelo: el sermón inductivo. En su libro *As One Without Authority* (Como uno sin autoridad),[12] Craddock diagnosticó con precisión los defectos de la predicación deductiva tradicional y sugirió un nuevo acercamiento al sermón.

Según Craddock, comenzar con una tesis o «proposición» es un error, ya que la congregación no ve el proceso a través del cual el predicador llegó a esta idea. Por esta razón, el sermón inductivo pretende llegar a una conclusión que la congregación pueda reconocer como verdadera. Para esto, el sermón inductivo parte de la realidad, no de las ideas, derivando lo abstracto de lo concreto.

Tomemos como ejemplo Romanos 12:1-2. Un bosquejo deductivo tradicional comenzaría con la presentación de un tema donde el predicador afirmaría alguna de las «verdades» del pasaje, tales como: «Dios nos llama a vivir en santidad», «El cristiano debe presentar su cuerpo en sacrificio vivo a Dios» o «No podemos vivir conforme al siglo». Partiendo de este tema, el sermón expondría varios puntos pertinentes para la vida cristiana.

---

[11] Para una introducción al diseño avanzado del sermón, consúltese a Richard L. Eslinger (1987): *A New Hearing: Living Options in Homiletic Method* (Un nuevo punto de vista: nuevas opciones en el método homilético), Nashville, EE. UU., Abingdon Press.

[12] Fred B. Craddock (1979): *As One Without Authority* (Como uno sin autoridad), Nashville, EE. UU., Abingdon Press.

Por su parte, un sermón inductivo podría seguir un bosquejo como este:

El presente: En ocasiones, nuestros valores chocan con los valores de la sociedad. El pasado: En Romanos 12, el apóstol Pablo hace un llamado a la integridad. El texto llama a la comunidad cristiana en Roma a optar por los valores del reino de Dios. El presente: Del mismo modo, la Palabra de Dios nos desafía hoy a ser íntegros; a vivir de acuerdo a los valores del reino.

Como vemos, lo que era el punto de partida en el sermón deductivo es el punto de llegada en el inductivo. En vez de imponer un tema, el sermón inductivo busca llegar a una conclusión que pueda ser aceptada por toda la congregación.

2. La importancia de la narración

Los escritos de Craddock marcaron el comienzo de la nueva escuela de homilética norteamericana.[13] Sus teorías llevaron a varios estudiosos de la predicación a buscar materiales que fueran inductivos por naturaleza. Esto condujo a un reencuentro tanto con la predicación narrativa como con la tradición homilética afroamericana. La predicación narrativa es tan antigua como las mismas Escrituras. El estilo homilético de Jesús —con su uso constante de parábolas y narraciones— es un ejemplo elocuente de esto.

Sin embargo, los manuales de homilética tradicional relegan el sermón narrativo a un segundo plano, ya que el sermón expositivo tiene la primacía en este sistema. La homilética contemporánea ha descubierto que la estructura básica de la narración —marco escénico, trama, punto culminante y desenlace— es inductiva por naturaleza, puesto que la idea central de una narración queda clara

---

[13] El libro editado por Gail R. O'Day y Thomas G. Long (1993): *Listening to the Word: Studies in Honor of Fred B. Craddock* (Escuchando al mundo: estudios en honor a Fred B. Craddock), Nashville, EE. UU., Abingdon Press, resalta este hecho.

solo cuando se llega al punto culminante o a la conclusión del relato.[14] En parte, el estudio de los estilos de predicación en las iglesias afroamericanas motivó este reencuentro con la predicación narrativa.[15] Las comunidades cristianas de ascendencia africana en los Estados Unidos han privilegiado la predicación narrativa. La predicación afronorteamericana entrelaza las historias bíblicas con la historia del pueblo afronorteamericano, produciendo así sermones contextualizados.

Por ejemplo, recuerdo un sermón sobre Oseas predicado por el Rev. William Hannah algunos años atrás. En este sermón, Oseas es un esclavo liberto que tenía un humilde huerto en el sur de los Estados Unidos. Este Oseas viaja a un pueblo cercano para vender su cosecha. Allí, en la plaza pública, encuentra a la que había sido su esposa lista para ser vendida como esclava. Entonces, dejando a un lado el hecho de que su esposa lo había abandonado por adúltera, la compra para darle su libertad.

3. La trama del sermón

Está claro que no todos los textos bíblicos se prestan a elaboraciones narrativas como la descrita en el párrafo anterior. La Biblia contiene mucho material discursivo, material que no es tan manejable como la poesía y la narración. Ahora bien, el hecho de que un texto no tenga una estructura narrativa no quiere decir que nuestro sermón tenga que carecer de trama.

---

[14] Para una introducción a la predicación narrativa, vea el libro editado por Edmund A. Steimle, Morris J. Niedenthal y Charles L. Rice (1980): *Preaching the Story* (Predicando la historia), Philadelphia, EE. UU., Fortress Press.

[15] Para una introducción al fascinante mundo de la predicación afroamericana, véase a Henry H. Mitchell (1970): *Black Preaching* (Prédica negra), San Francisco, EE. UU., Harper and Row, Publishers. Sobre la importancia de la narración en esta tradición, consúltese a James Earl Massey (19**): *Designing the Sermon: Order and Movement in Preaching* (Diseñando el sermón: orden y movimiento en la prédica), Nashville, EE. UU., Abingdon Press, pp. 35-49.

Eugene Lowry ha diseñado una forma sermonaria que ayuda al predicador a darle trama y movimiento al sermón.[16] Lowry indica que toda historia comienza con un problema o discrepancia. Este problema se analiza, sopesando varias opciones, hasta que se encuentra la clave para su solución. Entonces se procede a solucionar la discrepancia y se visualiza el futuro de una manera distinta.

El modelo sermonario de Lowry emplea estos mismos movimientos para darle calidad narrativa al sermón. De acuerdo a este modelo, el propósito de la introducción es «alterar el equilibrio» presentando un problema o una discrepancia. En el desarrollo del sermón, se debe «analizar la discrepancia», «revelar la clave para la solución» y «experimentar el evangelio». Por último, la conclusión tiene el propósito de «anticipar las consecuencias», de visualizar el futuro a la luz de la solución sugerida. El sermón titulado «La casa del extranjero», el décimo capítulo de este libro, ofrece un ejemplo de esta forma sermonaria.

4. La estructura y los movimientos del sermón

Si bien la opción narrativa es llamativa, muchos estudiosos de la homilética moderna han centrado sus estudios en el análisis de la forma, la estructura literaria y el desarrollo del argumento de los textos bíblicos. Uno de los modelos más llamativos ha sido propuesto por David Buttrick,[17] quien afirma que el estudio del texto revela tanto su estructura literaria como sus «movimientos», es decir, los episodios o las unidades

---

[16] Lowry ha desarrollado una forma sermonaria muy particular conocida como «The Lowry Loop» («El ojal de Lowry»). Esta se explica en *The Homiletical Plot: The Sermon as Narrative Art Form* (El argumento homilético: el sermón como una forma de arte narrativo), Atlanta, EE. UU., John Knox Press (1980); y en *Doing Time in the Pulpit: The Relationship Between Narrative and Preaching* (Haciendo tiempo en el púlpito: la relación entre la narrativa y el sermón), Nashville, EE. UU., Abingdon Press (1985).

[17] David Buttrick expone su método en *Homiletic: Moves and Structure* (Homilética: movimientos y estructura del sermón), Philadelphia, EE. UU., Fortress Press (1987).

de sentido que componen el pasaje. Para Buttrick, la tarea del predicador consiste en descubrir la estructura del texto con el propósito de diseñar sermones que reflejen estos movimientos.

III. Cambios en el contenido del sermón

Los cambios en el diseño sermonario deben ir acompañados por cambios tanto en el contenido del sermón como en la perspectiva teológica y en el estilo de quien predica. De no ser así, las nuevas formas sermonarias pueden quedar en manos de personas que las usen para comunicar ideas retrógradas. La predicación puede convertirse en un mero instrumento para manipular a la audiencia hacia posiciones insostenibles.

Los nuevos modelos homiléticos deben ir acompañados por cambios en las siguientes áreas:

1. Perspectiva teológica

La teología contemporánea se caracteriza por su vitalidad. Como indicamos anteriormente, las nuevas perspectivas teológicas parten del análisis de la realidad para desarrollar una práctica pastoral pertinente. La reflexión teológica es un «acto segundo»,[18] es reflexión sobre la práctica de la fe. En este sentido, la predicación contemporánea nos llama a reflejar la misma vitalidad. Nuestros sermones no pueden ser exposiciones teóricas, sino reflexiones nacidas de la práctica de la fe que nos llamen a la acción en beneficio de los demás.

En este punto, debo señalar que ha surgido una nueva perspectiva teológica que parte de la realidad que vive el pueblo latino en los Estados Unidos. La Teología Hispana propone un esquema hermenéutico que toma como punto de partida la

---

[18] Gustavo Gutiérrez (1980): *Teología de la Liberación: Perspectivas*, Salamanca, España, Ediciones Sígueme, p. 35.

realidad que vive el pueblo latino; realidad que se caracteriza tanto por la experiencia religiosa como por el estado de marginación. Esta intenta descubrir «la forma particular en la cual se establece una intersección entre la experiencia histórico-social de nuestras comunidades y su expresión religiosa».[19] Este movimiento teológico discute temas importantes para la comunidad latina «tomando también en consideración la experiencia bíblica y eclesiástica del pasado y confrontándola con los retos del presente para descubrir aquellas dimensiones inherentes a esta experiencia de fe que permiten nuevas oportunidades de testimonio cristiano».[20]

La Teología Hispana se basa en una nueva forma de leer las Escrituras.[21] Varios teólogos hispanos han utilizado los relatos bíblicos en torno a la región de Galilea, para expresar sus puntos de vista sobre la realidad del pueblo latino. Los puntos de contacto entre la experiencia galilea y la experiencia hispana son evidentes. Galilea es una región fronteriza que se encuentra en la parte norte del territorio israelita y que colinda con el Líbano y Siria. En el tiempo de Jesús, los líderes religiosos que vivían en Jerusalén despreciaban a las personas que venían de esta región. Sus habitantes eran considerados personas impuras que se habían contaminado con prácticas extranjeras. Este grupo estaba muy cerca de los samaritanos, que eran considerados «mestizos».[22]

El pueblo hispano también vive al margen de los grandes centros de poder. Del mismo modo que Galilea era vista con

---

[19] José David Rodríguez (1992): «De "apuntes" a "esbozo": Diez años de reflexión» en *Voces: Voices From The Hispanic Church* (Voces de la iglesia hispana), editado por Justo L. González, Nashville, EE. UU., Abingdon Press, p. 78.

[20] Rodríguez, «Diez años...», p. 79.

[21] Véase el capítulo titulado «Hacia una lectura de la Biblia en español» en el libro de Justo L. González (2006): *Teología liberadora: enfoque desde la opresión en una tierra extraña*, Buenos Aires, Argentina, Ediciones Kairos, pp. 119-143.

[22] Virgilio Elizondo (1983): *Galilean Journey: The Mexican-American Promise* (Viaje galileo: la promesa mexicano-estadounidenses), Maryknoll, EE. UU., Orbis, p. 51.

desprecio por el liderazgo judío, los hispanos somos vistos con desprecio por los norteamericanos de descendencia angloeuropea. Conocemos la experiencia del mestizaje y de la mezcla de culturas. Conocemos el dolor de ser rechazados tanto por los estadounidenses como por nuestros hermanos en nuestros países de origen. Conocemos lo que implica ser —permanentemente— «los otros».[23] En una palabra, el pueblo hispano comparte la experiencia de opresión y marginalidad que caracteriza a la región de Galilea en las Escrituras. La clave hermenéutica de la Teología Hispana en los Estados Unidos se encuentra en los conceptos «marginalidad» y «mestizaje».[24]

Varios teólogos hispanos han utilizados la imagen de Galilea para desarrollar su pensamiento teológico. El más conocido es, sin duda, Virgilio Elizondo, quien ha escrito varios libros explorando la experiencia del mestizaje y relacionándola con la imagen bíblica de Galilea.

Otro autor que ha trabajado esta imagen en su pensamiento teológico es Orlando E. Costas. Costas escribió varios artículos relacionando la experiencia galilea con la experiencia de marginalidad hispana.[25] Si la palabra clave para entender a Elizondo es «mestizaje», la palabra clara para entender a Costas es «periferia».

El tercer autor que ha empleado este principio es Justo L. González. En su libro *Teología Liberadora: Enfoque desde la*

---

[23] Fernando Segovia, «*Two Places and No Place on Which to Stand: Mixture and Otherness in Hispanic American Theology*» («Dos lugares y ningún lugar donde estar: mezcla y rareza en la teología hispanoamericana»), *Listening* 27:1 (invierno 1992): 31.

[24] Rodríguez, «Diez años...», p. 81.

[25] Orlando Costas, «*Evangelism from the Periphery: A Galilean Model*» («Evangelismo desde la periferia: modelo galileo»), *Apuntes*, 2:3, (otoño 1982), pp. 51-59 y «*Evangelism from the Periphery: The Universality of Galilee*» («Evangelismo desde la periferia: la universalidad del galileo», *Apuntes*, 2:4, (invierno 1982), pp. 75-84. Justo L. González incluyó este último artículo en *Voces*, 16-23. En español, vea *Evangelización contextual: Fundamentos teológicos y pastorales*, San José, Costa Rica, Editorial Sebila (1986).

opresión en una tierra extraña,[26] González desarrolla el principio de marginalidad para describir la experiencia hispana.

Estos tres importantes autores hilvanan sus ideas desde una visión cristológica particular, tomando en serio la marginalidad del propio Jesús como galileo frente a las estructuras políticoreligiosas dominantes tanto en Roma como en Jerusalén.

2. Óptica liberadora[27]

Como vimos en la sección anterior, la Teología Hispana propone una metodología que parte de la «praxis» y busca la transformación de la dolorosa realidad que vive nuestro pueblo. La meta de una teología que parte del sufrimiento y la opresión no puede ser más que la lucha, la liberación y la autodeterminación.[28] Afirmamos la importancia de predicar un mensaje que libere al pueblo de las cadenas que lo oprimen. Un «evangelio» que no libera, no merece ser predicado. Un «evangelio» que deja a la gente victimizada por el pecado, la maldad, la explotación, la violencia, el hambre y el desempleo no tiene valor alguno. Un «evangelio» que no libera a la congregación de sus prejuicios, no es el evangelio de Jesucristo.

Entendiendo esto, la homilética contemporánea nos llama a predicar desde una perspectiva liberadora que afirme la victoria de la vida en su lucha contra las fuerzas de la muerte. Todo esto tiene consecuencias «políticas» que debemos considerar seriamente.

---

[26] González, *Teología Liberadora*.

[27] Para una reflexión teológica sobre la predicación desde una perspectiva latinoamericana, véase el ensayo de Leonardo Boff: «¿Cómo predicar la cruz en una sociedad de crucificados?», en su libro *Desde el lugar del pobre*, Bogotá, Colombia, Ediciones Paulinas (1986). Para una perspectiva liberadora más amplia, consúltese el manual de Justo L. González y Catherine G. González (1980): *Liberation Preaching: The Pulpit and the Oppressed* (Sermón de liberación: el púlpito y el opresivo), en la serie *Abingdon Preacher's Library*, Nashville, EE. UU., Abingdon Press; o véase la edición revisada y aumentada titulada *The Liberating Pulpit* (El púlpito de liberación), Nashville, EE. UU., Abingdon Press (1994).

[28] Segovia, *Two Places* (Dos lugares), p. 33.

Por «político» no nos referimos a la política partidista que divide a nuestra gente, sino al hecho de que las Escrituras tratan el tema del poder.[29] El evangelio nos enseña que Dios —quien tiene poder sobre todas las cosas— se ha acercado a aquellos que no tienen poder alguno para liberarlos de la realidad de opresión en que viven y conducirlos por caminos de liberación. Esta verdad central del evangelio tiene importantes implicaciones políticas para el pueblo latino, implicaciones que impactarán tanto nuestros sermones como nuestra acción pastoral en beneficio de los demás.

Uno de los ejemplos más claros de las implicaciones «políticas» del evangelio es el cambio radical que está ocurriendo en la posición de la mujer tanto en la iglesia como en la sociedad. Hace solo un par de generaciones atrás, la mujer estaba totalmente marginada. Por un lado, la sociedad le negaba el derecho a votar y a ocupar puestos públicos. Por otro, la iglesia le impedía el camino al púlpito y al ministerio ordenado.

Esta situación cambió radicalmente cuando las mujeres se organizaron para reclamar sus derechos. Estos movimientos también impactaron en la iglesia, motivaron cambios en la reflexión teológica y le dieron a la mujer de hoy acceso a las posiciones de autoridad que estaban vedadas. Como ejemplo, basta señalar la creciente bibliografía producida por mujeres hispanas en el campo de la predicación.[30]

3. Técnicas de interpretación bíblica

Todo esto implica que tenemos que modificar nuestra manera de leer e interpretar las Escrituras.[31]La homilética tradicional

---

[29] González, *Teología liberadora*, pp. 134-137.

[30] Véase, por ejemplo, el sermón de Sandra Mangual-Rodríguez titulado «La danza de la vida en la muerte», en la colección *Voces del púlpito hispano* editada por Angel Luis Gutiérrez, Valley Forge: Judson Press (1989), pp. 72-78.

[31] Para un repaso de los avances en el campo de la hermenéutica y la predicación, véase a Walter Brueggemann, «*The Social Nature of the Biblical Text for Preaching*» («La naturaleza

nos enseña a tomar un texto bíblico, «destilar» el mensaje que contiene, enunciarlo en un tema o proposición y dividirlo en subtemas para entonces exponerlo ante la congregación. Sin embargo, la hermenéutica contemporánea nos enseña que los textos no pueden ser sacados de sus contextos teológicos y literarios. Es imposible separar la forma del contenido.

Por ejemplo, las «ideas» de un salmo no pueden ser divorciadas de la forma del salmo. El salmo es una oración a Dios, un cántico que la comunidad de fe ha preservado a través de los siglos para que los creyentes lo usen como vehículo para comunicar sus sentimientos más profundos. No podemos «destilar» las ideas y echar a un lado la forma del salmo sin perder importantes aspectos del mensaje en el proceso.

La hermenéutica contemporánea nos llama a tomar en cuenta la forma, la estructura literaria, el vocabulario, las imágenes literarias y la teología junto con el contexto histórico, social y literario de los pasajes bíblicos que sirven de base a nuestra predicación.

4. Perspectiva comunitaria[32]

Tradicionalmente, los sermones se dirigen al individuo, no a la comunidad. Buscamos la salvación «personal»; transformar al individuo primero, soñando que algún día —cuando todos los individuos hayan sido transformados— transformaremos la sociedad. Esta perspectiva individualista es irreal. Los seres humanos vivimos en sociedad. Nuestra conducta afecta tanto a las personas con las cuales convivimos como al mundo que nos rodea.

---

social del texto bíblico para el sermón») en el libro editado por Arthur van Seters (1988): *Preaching as a Social Act: Theology and Practice* (El sermón como un acto social: teología y práctica), Nashville, EE. UU., Abingdon Press, pp. 127-165.

[32] Sobre el contexto social de la predicación, consúltese el artículo de Justo L. y Catherine G. González: *«The Larger Context»* («El gran contexto»), en *Preaching as a Social Act* (El sermón como un acto social), pp. 29-54.

También es errado predicar la «salvación personal» sin tener en cuenta que el evangelio nos llama a formar parte de la Iglesia de Jesucristo; de la comunidad de fe donde aprenderemos los rudimentos de la fe para formar parte de la «gran nube de testigos» de la cual habla Hebreos 12. Jesucristo no es meramente el salvador de un puñado de individuos aislados. ¡Todo lo contrario! Jesucristo es quien abre el camino a la salvación para toda la humanidad (véase Hebreos 2). Por esta razón, es necesario recuperar la perspectiva comunitaria. No debemos limitar nuestra predicación a condenar el pecado en sus manifestaciones individuales. Si queremos que nuestra congregación «viva en santidad», es necesario señalar las manifestaciones comunitarias del mal. De esta manera, nuestro pueblo podrá identificar las prácticas comunitarias pecaminosas, evitar caer en ellas y llamar a conversión a la sociedad, en el nombre de nuestro Señor Jesucristo.

IV. Cambios en la presentación del sermón

Los cambios tanto en el diseño como en el contenido de la predicación encuentran expresión concreta en la presentación del sermón. De hecho, el sermón no existe hasta que se predica, hasta que se presenta ante la comunidad. Hasta entonces, nuestras notas son solo un bosquejo. El sermón no es un documento ni una composición literaria que se lee con el propósito de impresionar a la audiencia. Por el contrario, el sermón es un evento,[33] es el acto de proclamar el evangelio.

Con esta afirmación de fondo, pasaremos a considerar algunos de los cambios más importantes en el campo de la presentación y la entrega del sermón.

---

[33] Véase la base teórica de esta afirmación en el libro de Carlos A. Valle (1988): *Comunicación es evento*, San Juan, PR, Seminario Evangélico de Puerto Rico.

1. El uso del lenguaje[34]

La predicación está distanciándose del lenguaje abstracto que la caracterizó. Estamos en la era del vídeo. La gente está acostumbrada a ver imágenes, no a escuchar discursos. Por esta razón, la predicación está inclinándose a usar historias, narraciones e imágenes concretas que ayuden a la audiencia a fijar el mensaje de manera más clara.

Por ejemplo, los manuales de homilética tradicional nos enseñan a «ilustrar» nuestros sermones con anécdotas e historias pertinentes. Sin embargo, los oyentes de hoy están acostumbrados a ver televisión, un medio que los bombardea con series de imágenes cortas y dislocadas. Encontrar el sentido de las imágenes es tarea del televidente.

A continuación presentamos un ejemplo de cómo la predicación actual puede usar esta técnica «cinematográfica» en lugar de las ilustraciones tradicionales.

«Usted puede comprender el mensaje del salmo 40. No es necesario ilustrarlo con una historia, ni con una experiencia personal. No. Usted sabe lo que es estar en el pozo.

Un hijo gravemente enfermo en el hospital.

No tener dinero para ir de compras al mercado.

Estar lejos de la familia por meses, por años.

No poder conseguir empleo.

Ver agonizar a un ser querido.

Ser deportado por no tener "papeles".

Usted ha estado en el pozo... y usted sabe lo que es salir del pozo; usted sabe que Dios fue quien lo sacó de allí.»

---

[34] Sobre este tema, véase el artículo de Ronald J. Allen: «The Social Function of Language in Preaching» («La función social del lenguaje en el sermón») en *Preaching as a Social Act* (El sermón como un acto social), pp. 167-203.

Todo esto plantea un gran reto para el predicador. La predicadora debe usar su imaginación como nunca antes para elaborar sermones que lleguen al corazón de la audiencia.[35]

2. Calidad dialogada

El sermón tradicional es un monólogo. La audiencia está limitada a un rol pasivo, ya que debe estar en silencio mientras el predicador expone el mensaje. Para lidiar con esta situación, varios estudiosos de la homilética elaboraron modelos para sermones «dialogados». Estos, por lo regular, sugerían que el sermón fuera desarrollado como un diálogo entre dos o más personas. En algunas ocasiones, el diálogo se desarrollaba entre dos predicadores; en otras, entre la predicadora y la congregación. Estos modelos probaron ser difíciles de implantar. Son modelos para usar ocasionalmente, no para uso semanal. Por esta razón, el sermón dialogado nunca alcanzó la popularidad esperada.

Para superar las limitaciones de la homilética tradicional, los estudios contemporáneos sugieren el uso de materiales dialógicos. Es decir, sugiere el uso de técnicas que estimulen la imaginación de la audiencia y que la ayuden a involucrarse en el mensaje. Por ejemplo, las historias y las preguntas son dialógicas por naturaleza. Si usted narra una historia y después le pregunta a la audiencia si se identificó con alguno de los personajes, con toda seguridad obtendrá una vigorosa reacción. Algunas personas asentirán con sus cabezas, otras en forma silenciosa, y otras aun responderán a viva voz.

De hecho, esta es un área en la cual la iglesia protestante tiene mucho que aprender tanto de las iglesias afroamericanas

---

[35] Thomas H. Troeger se ha distinguido por sus escritos en este campo. Entre estos podemos, destacar *Creating Fresh Images for Preaching: New Rungs for Jacob's Ladder* (Creando imágenes frescas para el sermón: nuevo peldaño para la escalera de Jacob), Valley Forge, Judson Press (1982); y *Imagining a Sermon* (Imaginando el sermón), Nashville, EE. UU., Abingdon Press (1990).

en los Estados Unidos como de las pentecostales alrededor del mundo. En estas congregaciones, es común que la gente exclame a viva voz sus reacciones, ya sea alabando a Dios o diciendo: «¡Amén!». Por medio de su participación, la congregación establece un diálogo con la persona que predica.

V. Conclusión

La llegada de la postmodernidad presenta un gran reto a la predicación contemporánea. La persona que desee predicar el evangelio a principios del siglo XXI tendrá que dejar atrás las imágenes que caracterizaron al predicador de antaño. Atrás quedaron los días donde el predicador se definía exclusivamente como un hombre; la mujer ha llegado al púlpito para quedarse. Atrás quedaron los días donde el predicador se definía como un experto, un «teólogo residente», el único «intérprete autorizado» o el «profeta sagrado» que podía levantar su dedo acusador contra una congregación pecadora. El predicador y la predicadora de hoy saben que son representantes de la congregación; personas que dan voz a las dudas y a las esperanzas del pueblo de Dios; compañeros de camino que —alentados por la fe— también andan en busca de sentido en un mundo fragmentado.

PRIMERA SECCIÓN
Predicación y cultura

CAPÍTULO 2

Fuentes teológicas y sociales de la predicación

I. Introducción

A mediados de la década de 1980, cuando servía como profesor de predicación y Nuevo Testamento en el entonces Seminario Bíblico Latinoamericano en San José, Costa Rica, pude percatarme de la grave crisis que sufría la predicación como disciplina en Centro América. En aquel entonces, la predicación tradicional era vista como un instrumento enajenante que exhortaba al pueblo cristiano a cultivar una fe privada y privativa; una fe que los mantenía al margen de las luchas políticas y sociales que vivíamos en aquel contexto de guerra civil y de baja intensidad.

Por su parte, los movimientos de avanzada preferían proclamar la Palabra de Dios por medio de estudios bíblicos comunitarios, donde el diálogo entre participantes democratizaba el proceso al mismo tiempo que creaba conciencia de la realidad social.

Hoy día, el rostro del protestantismo y del pentecostalismo latinoamericano ha cambiado radicalmente. La globalización ha facilitado la creación de instituciones religiosas transnacionales que venden sus productos en todas las grandes ciudades de América Latina. Los medios religiosos de comunicación masivas facilitan que la gente escuche y cante la misma música religiosa en Bogotá, en La Paz y en Miami. Las redes de computadoras o Internet permiten el intercambio de materiales religiosos a través de las fronteras, provocando que las modas teológicas pasen rápidamente de un país a otro.

En particular, los temas de la guerra espiritual y de la prosperidad, para solo mencionar dos como ejemplo, han causado un gran impacto en el protestantismo latinoamericano. Desde Chile hasta México, las congregaciones cantan que Dios «ha echado a la mar quien nos perseguía, jinete y caballo ha echado a la mar». Desde Miami hasta Buenos Aires hay predicadores que exhortan a sus feligreses a «sembrar» una semilla con sus diezmos y ofrendas, esperando que dé fruto «a treinta, a sesenta y a ciento por uno».

A pesar de las diferencias en los tiempos, en el fondo las preguntas en torno al arte cristiano de la predicación continúan siendo las mismas: ¿Qué es la predicación? ¿Cuál es su función? ¿Cuáles son sus fuentes teológicas? ¿Cuáles son sus fuentes sociales? Y ¿qué impacto debe tener la predicación cristiana en las comunidades religiosas que servimos?

Pasemos, pues, a considerar posibles respuestas a estas preguntas clásicas.

II. Definición y función de la predicación cristiana

Aunque otras personas dedicadas a la disciplina emplean otras definiciones, yo defino la predicación como la interpretación teológica de la vida en el contexto del culto cristiano.[1] El

---

[1] Véase a Pablo A. Jiménez (2009): *Principios de Predicación*, Nashville, EE. UU., Abingdon Press.

sermón es un evento que ocurre en el seno de una comunidad cristiana con el propósito de ayudar al pueblo a comprender la vida a la luz de la fe. Esa interpretación teológica se lleva a cabo desde una perspectiva cristiana que intenta ser fiel a los valores del reino de Dios, tal como estos han sido expuestos tanto por la vida como por las enseñanzas de Jesús de Nazaret, a quien llamamos el Cristo. La predicación es, pues, una empresa interdisciplinaria donde se encuentran la exégesis bíblica, la teología, la historia, la educación religiosa, el consejo pastoral y la oratoria. La buena predicación es un ejercicio de integración teológica y pastoral.

Debemos hacer una distinción clara entre la homilética y la predicación. La homilética es el estudio académico de los diversos aspectos del arte cristiano de la predicación. En primer lugar, se ocupa del problema hermenéutico, estudiando los principios que se emplean para comentar la Biblia e interpretar su mensaje. Segundo, estudia el proceso de la preparación del sermón. Tercero, analiza la relación entre el sermón y la adoración cristiana. Cuarto, estudia el impacto de la predicación en la congregación.

Para entender la predicación hispana es necesario comprender el desarrollo de la disciplina en América Latina.[2] Podemos afirmar que, desde principios de la conquista, se desarrollaron dos estilos de predicación que aún se manifiestan en nuestros púlpitos: el estilo popular y el estilo erudito. En el campo católico, desde el mismo momento en que llegaron los primeros misioneros, hubo sacerdotes que se identificaron con los indígenas, los esclavos y los campesinos. Podemos identificar a Antonio de Montesinos y Bartolomé de las Casas como solo

---

[2] En esta sección, resumo algunas de las ideas que aparecen en *Manual de homilética hispana: Teoría y práctica desde la diáspora*, escrito por Justo L. González y Pablo A. Jiménez (2006), Terrasa, Barcelona, España, Editorial CLIE, el capítulo titulado «Esbozo histórico de la homilética hispana», pp. 15-31.

dos de los muchos que predicaron sermones proféticos, llamando a los hacendados y a los militares al arrepentimiento. Esta tradición profética se ha mantenido viva a través de los siglos, con figuras tales como Benito Juárez, Oscar Arnulfo Romero y Dom Helder Cámara.

Por su parte, la predicación protestante en América Latina comenzó como una disciplina trasplantada desde Europa, pues las primeras congregaciones protestantes latinoamericanas se establecieron a finales del siglo XVII, con el propósito de servir principalmente a comunidades de inmigrantes. Como es de esperar, los servicios religiosos se ofrecían en el idioma de los inmigrantes. Los pastores de esas comunidades eran también inmigrantes educados en Europa.

El estilo de predicación popular protestante nace a finales del siglo XIX, cuando llegan los primeros misioneros de corte evangélico que recalcaban la importancia de la conversión personal y del establecimiento de iglesias locales. La predicación popular se expande durante la primera parte del siglo XX, con la irrupción del pentecostalismo, la lucha contra el «romanismo» y el impacto de las cruzadas de evangelización al estilo del avivamiento estadounidense.

Tomemos un momento para explorar las diferencias entre estos estilos de predicación. Por una parte, el estilo erudito ve el sermón como una pieza de oratoria y lo desarrolla de acuerdo a estrictos procesos retóricos y hermenéuticos. Las personas que emplean este estilo de predicación prefieren predicar sermones expositivos y temáticos, usando ilustraciones tomadas de la historia, la literatura y la poesía.

Por otra parte, el estilo de predicación popular ve el sermón como un diálogo o como una conversación entre quien predica y la congregación. En gran parte, el diálogo gira en torno a la experiencia de fe del predicador o de la predicadora, quien expone las escrituras a la luz de su testimonio personal. Por lo regular, quienes emplean este estilo carecen de educación teológica avanzada. Otras formas comunes de predicación popular son el sermón «versículo por versículo» (también conocido como «lectura bíblica»), el sermón narrativo y el sermón «concordancia» (donde se citan varios textos bíblicos para probar un punto dado).

Una de las grandes contradicciones de la predicación protestante latinoamericana es la exaltación del estilo erudito en un contexto donde la mayor parte de los predicadores y de las predicadoras cultivan el estilo popular. Basta notar que la mayoría de los historiadores contemporáneos reconocen a Cecilio Arrastía como el mejor predicador protestante y latinoamericano del siglo XX.[3] Sin embargo, hace algunos años, cuando asigné la lectura de uno de sus sermones impresos en un curso en el Seminario Evangélico de Puerto Rico, el consenso entre el grupo era que no podían comprender el texto porque tenía demasiadas imágenes poéticas y literarias. Esto presenta un grave problema para la predicación protestante latinoamericana.

Por un lado, heredamos una fe evangélica que recalca el aspecto íntimo y privado de la fe cristiana, minimizando su impacto social. Por otro lado, heredamos una tradición homilética que exalta el sermón erudito, aun cuando la mayor parte de las personas que predican en nuestros contextos no tienen la capacidad para diseñarlo y casi todas las personas que asisten a nuestras congregaciones no tienen la capacidad para comprenderlo. El resultado es un sermón en lenguaje inaccesible al pueblo que solo habla sobre los problemas personales de los oyentes.

---

[3] Las colecciones de sermones de Arrastía son: *A pesar de todo... Dios sigue siendo amor*, Miami, EE. UU., Editorial Caribe (1994); *Itinerario de la pasión: Meditaciones para la Semana Santa*, El Paso, EE. UU., Casa Bautista de Publicaciones (1978); y *Jesucristo, Señor del Pánico: Antología de Predicaciones*, Miami, EE. UU., Unilit (1985).

Habiendo definido así el problema, pasemos a examinar las fuentes teológicas de la predicación.

III. Fuentes teológicas de la predicación

El sermón es primordialmente un evento teológico. Este intenta comunicar la palabra de Dios, una palabra divina que nos excede y nos escapa. La predicación intenta comunicar la revelación divina al pueblo de Dios por medio de la proclamación del evangelio. Nótese la cantidad de conceptos teológicos que hemos empleado en este corto párrafo: «palabra de Dios», «revelación», «pueblo de Dios», «proclamación» y «evangelio». Queda claro, pues, que la predicación es un evento por medio del cual comunicamos conceptos teológicos al pueblo de Dios.

Ahora bien, la pregunta es: ¿Cómo llega a conocer la comunidad cristiana estos conceptos teológicos? La respuesta tradicional es que llegamos a conocerlos por medio de la Biblia, la reflexión teológica y la tradición. Estas fuentes son bien conocidas entre nosotros.

1. La Biblia es el documento que da testimonio de la palabra de Dios, revelada por medio de la acción de Dios en la historia del Pueblo de Israel y en la persona histórica de Jesucristo.
2. La reflexión teología es el análisis sistemático de la persona y el carácter de Dios, a la luz del testimonio bíblico ilustrado y de la razón humana.
3. La tradición no solo abarca la historia de la Iglesia, sino también las prácticas que las comunidades cristianas han desarrollado a través de los siglos.

Creo que la mayor parte de las personas de fe estarían de acuerdo con la idea de que la Biblia, la reflexión teológica y la tradición son fuentes de la predicación cristiana. Lo que es materia de debate es cómo esas fuentes llegan a informar nuestra práctica de la predicación. Estas fuentes llegan mediatizadas,

es decir, por medio de distintos procesos de mediación que le añaden cargas ideológicas y afectan su contenido. Por ejemplo:
1. La inmensa mayoría de los creyentes llegan a conocer los primeros principios bíblicos por medio de la escuela bíblica dominical. Del mismo modo, la inmensa mayoría de nuestras congregaciones emplean revistas de escuela bíblica que tienen puntos de vista teológicos e ideológicos particulares. Por ejemplo, la revista *Lecciones Cristianas* es producida por la Iglesia Metodista Unida en Nashville, Tennessee, y en Miami, y refleja una perspectiva denominacional estadounidense. Del mismo modo, la Iglesia Cristiana (Discípulos de Cristo) en Puerto Rico produce *El Discípulo*, un material de escuela bíblica dominical de corte protestante que refleja las realidades sociales de dicha denominación. Estas perspectivas, pues, se convierten en los lentes a través de los cuales aprendemos a leer la Biblia.
2. Del mismo modo, aprendemos a pensar de forma teológica en la iglesia local, principalmente por medio de la predicación. Los sermones doctrinales y temáticos son los instrumentos principales que usa un predicador o una predicadora para enseñar a su congregación a reflexionar teológicamente. El problema es que estos sermones brillan por su ausencia, pues cada vez son menos los ministros que predican sermones sobre doctrinas tales como la trinidad, el pecado y la santificación, entre muchas otras. Por esta razón, muchas personas tienen su primer encuentro con la teología por medio de la lectura de libros y ensayos sobre distintos temas teológicos. Una vez más, cada uno de esos libros y de esos ensayos tiene su propia perspectiva teológica. Dichas perspectivas teológicas reflejan diferencias denominacionales, geográficas, étnicas, raciales y hasta sexuales. No es lo mismo leer un ensayo teológico de una mujer católica latinoamericana que uno escrito por un hombre pentecostal estadounidense.

51

3. La tradición se refiere principalmente a la historia de la Iglesia cristiana a través de los siglos. Sin embargo, nuestro primer encuentro con la tradición está mediado usualmente por la historia de nuestras denominaciones. La relativa juventud de la gran mayoría de nuestras denominaciones protestantes presenta otro problema en este sentido, dado que nos lleva a establecer una conexión directa con la Iglesia Primitiva descrita en el libro de los Hechos de los Apóstoles, saltando casi todos los eventos y los concilios que se llevaron acabo entre el siglo IV y el siglo VII. Por esta razón, hay quienes ven las tradiciones teológicas, litúrgicas y pastorales de la Iglesia antigua como parte de la historia de la Iglesia Católica Romana, no como parte de su propia historia. Este rechazo tajante de partes de la tradición cristiana no solo empobrece nuestra predicación, sino que constituye un verdadero acto de violencia contra nuestra identidad cristiana.

Algunas personas pensarán que es posible deshacerse de estas mediaciones teológicas, históricas e ideológicas, quedándonos así con las expresiones más puras del evangelio. Sin embargo, esto también es un error. La doctrina de la encarnación nos enseña que el mensaje del evangelio se comunica a través de las distintas culturas humanas. Por lo tanto, no existe mensaje cristiano sin mediaciones teológicas, históricas e ideológicas.

IV. *Fuentes sociales de la predicación*

El tema de las mediaciones nos lleva necesariamente a considerar las fuentes sociales de la predicación cristiana.[4] La predicación cristiana se lleva a cabo en el ambiente de una

---

[4] En esta sección, seguimos las ideas presentadas en el libro editado por Arthur van Seters (1988): *Preaching as Social Act* (La predicación como un acto social), Nashville, EE. UU., Abingdon Press.

comunidad de fe, que existe en un contexto cultural dado y que experimenta las mismas realidades sociales que sufren las personas que no aceptan el mensaje cristiano. Es decir, las tres fuentes sociales a las que haremos referencia son la Iglesia, la cultura y la realidad social.

1. La Iglesia es una entidad tanto social como teológica. Como realidad teológica, la Iglesia es una, pues Jesucristo sólo tiene una Iglesia en el mundo. Pero como realidad social, la Iglesia está dividida en denominaciones que a su vez están divididas en congregaciones locales. Cada una de estas congregaciones tiene su propio perfil, su propia historia y sus propias características. La persona que ejerce el ministerio pastoral debe tratar de conocer la historia de su congregación.

2. Como indicamos anteriormente, el evangelio se encarna en las culturas humanas, culturas que tienen su idioma, su música y su literatura particular. La predicación necesita del lenguaje y de las imágenes literarias para comunicar el mensaje del evangelio. En particular, las personas que predican deben conocer no solo el lenguaje del pueblo, sino los «mitos» y las ideas arquetípicas centrales a la cultura en la que se encuentran. Además, deben estar conscientes de los cambios culturales que transforman nuestra manera de hablar y, por lo tanto, de comunicar el evangelio.

Por ejemplo, al principio de nuestra ponencia, afirmamos que en América Latina coexistían dos estilos de predicación: el erudito y el popular. El sermón erudito tuvo su auge en la primera parte del siglo XX, cuando nuestra cultura era mayormente auditiva. Sin embargo, la invención de la televisión, de los juegos electrónicos y de las computadoras personales están cambiando la forma como la juventud aprende conceptos e interpreta la realidad. Las nuevas generaciones son visuales, no auditivas. Prefieren ver algo a leerlo o a escucharlo. En este nuevo contexto cultural, los sermones con vuelos poéticos y alusiones literarias no son tan efectivos como los sermones que narran historias y que hacen referencias a elementos de la cultura popular.

3. Tanto la Iglesia como nuestras culturas existen en un mundo afectado por varios problemas y eventos sociales. La pobreza, la violencia y el abuso de las drogas y el alcohol son solo algunos de los muchos problemas sociales que nos afectan. La realidad política moldea nuestra vida, determinando cómo se construye y desarrolla nuestra sociedad. Lastimosamente, la herencia misionera nos ha enseñado a obviar la realidad social, predicando como si esta no nos afectara. Es común, pues, que un ministro predique varios sermones sin hacer la más mínima referencia a las noticias y, por lo tanto, a los eventos contemporáneos.

Para crear conciencia de la importancia del contexto eclesial y social de la predicación, es importante que aprendamos a hacer «exégesis» de nuestras congregaciones y de nuestra cultura.[5] Por ejemplo, podemos hacer una exégesis congregacional dirigidos por preguntas guías, tales como las siguientes:

1. ¿Cuáles son los «textos» más importantes para su congregación?
2. ¿Cuáles son las tradiciones más importantes?
3. Identifique los «textos» y las tradiciones que hayan causados controversias agudas en el pasado.
4. ¿Cuáles son las historias que se repiten con más frecuencia en su congregación?

---

[5] Leonora Tubbs Tisdale discute en detalle cómo hacer exégesis congregacional en *Preaching as Local Theology and Folk Art* (La predicación como teología y costumbres), Minneapolis, EE. UU., Fortress Press (1997).

5. ¿Cuáles son los elementos más atractivos para las personas visitantes y para los nuevos miembros?
6. ¿Cuál es el carácter de la iglesia local?

Del mismo modo, podemos hacer exégesis de nuestro contexto social dirigidos por consignas guías, tales como las siguientes:

1. Identifique la población a la cual sirve su congregación. Estudie su nivel social, su realidad laboral y su trasfondo étnico-racial.
2. Busque información demográfica sobre la comunidad donde se encuentra su congregación. Si dicha información no está disponible, haga su propio estudio. Por ejemplo, puede desarrollar un breve cuestionario, que debe ser llevado a hogares de la comunidad por medio de un grupo de líderes congregacionales.
3. Preste atención a las noticias y haga referencia en sus sermones a los eventos que son noticia.
4. Trabaje en conjunto con las organizaciones cristianas y sociales que ayudan a las comunidades que sirve su congregación.
5. En unión a otras congregaciones, colabore en proyectos que tengan un impacto positivo a nivel regional y hasta nacional.

La lectura de la realidad debe estar acompañada de un proceso de reflexión teológica que tome en cuenta dicha realidad. El punto de partida de nuestra reflexión teológica debe ser el dolor y la lucha por la vida de nuestro pueblo.

V. ¿Qué impacto debe tener la predicación?

Finalmente, lo invito a considerar la meta o el propósito de la predicación cristiana. El ejercicio de la predicación tiene el propósito de crear y de alimentar espiritualmente al pueblo de

Dios. Crear, porque la predicación del evangelio nos convoca a entrar en una relación con Dios, para que transforme nuestras vidas. Dicha transformación es integral, es decir, es tanto personal como social. La persona que desarrolla y cultiva una relación con Dios es transformada por el encuentro con lo sagrado. Del mismo modo, la persona que comienza a vivir en fe se une a otras personas de fe en comunidades religiosas. Alimentar, porque la vida en comunidad nos permite aprender más acerca de nuestra fe, trabajar unidos en proyectos congruentes con nuestra fe y enseñar el mensaje cristiano a nuevas generaciones de creyentes.

La sana predicación del evangelio no nos lleva a escapar de la realidad, sino que nos lleva a verla de una manera distinta. Ahora comprendemos la vida y el mundo a la luz de los valores del reino de Dios, valores que contradicen los valores enfermizos y equivocados de nuestras distintas culturas.

Debe quedar claro, pues, que predicamos el evangelio con el propósito de transformar la realidad, buscando la utopía del reino. Utopía no quiere decir mentiras ni cuentos de caminos. No. Literalmente, «utopía» es un concepto que no tiene un lugar (*topos*, en griego) en el mundo donde vivimos. Lo que buscamos, pues, es que lo que aún no tiene un lugar en nuestra vida llegue a tenerlo. Este es el tema del sermón incluido en el noveno capítulo de este libro.

En mi caso, por más de una década he estado trabajando con comunidades religiosas de trasfondo hispanoamericano en los Estados Unidos de América. La inmensa mayoría de estas comunidades vive al margen de la sociedad estadounidense, en los barrios más pobres, llevando a cabo los trabajos más desagradables, muchos sin documentos que les permitan trabajar legalmente, sin acceso a cuidado médico y sin el beneficio de pensiones sociales. Los gobiernos de turno prestan poca atención a nuestras comunidades, visitándolas solo durante las campañas eleccionarias, donde los candidatos dicen algunas frases en español mientras escuchan música de mariachis.

En medio de este cuadro de pobreza, las iglesias cristianas son las únicas instituciones permanentes; las únicas que pertenecen a un grupo de habitantes del lugar; y las únicas que sienten el llamado de Dios para servir a las comunidades donde se encuentran. Nos motiva el poderoso símbolo del reino de Dios, como utopía de una sociedad igualitaria, justa y misericordiosa. En sus mejores expresiones, el evangelio de Jesucristo nos impulsa a trabajar por la transformación de la sociedad estadounidense a la luz de los valores del reino. Queremos un país donde la persona indocumentada tenga pan, techo, trabajo, cuidado médico y educación. Queremos ver a nuestro pueblo libre de la explotación del vendedor de drogas, del proxeneta y de las pandillas. Queremos que cada persona desarrolle una relación con Dios que le permita alcanzar todo el potencial que Él le ha dado. En fin, queremos que el ideal del reino de Dios sea una realidad en nuestro pueblo, en nuestra generación y en nuestro tiempo. Queremos que la «utopía» se haga realidad y tenga un «topos» en nuestra sociedad.

VI. Conclusión

Las personas que formamos parte de la Iglesia de Jesucristo tenemos que luchar por la vida en nuestras comunidades y en nuestros distintos países. Quiera Dios darnos fuerzas, valentía y perseverancia para alcanzar la meta de la predicación: la creación de un nuevo pueblo de Dios, en el nombre de nuestro Señor Jesucristo.

CAPÍTULO 3

Predicación y postmodernidad

I. Introducción

Antonio José, mi hijo mayor, frecuenta una tienda que vende productos para la juventud, tales como camisetas, tarjetas y artículos con mensajes graciosos. Tras una de sus visitas a esta tienda, me comentó que había visto un botón que hablaba de asuntos religiosos. El botón decía: «Yo no tengo problemas con Dios, lo que no me gusta es su "fan club"».

En cierto modo, el mensaje de este botón resume la actitud postmoderna hacia la religión cristiana. Por un lado, la postmodernidad ofrece espacio para la espiritualidad y, por ende, para hablar de Dios en nuevos espacios sociales. Por otro, la postmodernidad ve la religión cristiana como uno de los metarrelatos que legitimó los crímenes de la modernidad. Sí, la postmodernidad ofrece espacio para Dios, pero limita el espacio para la iglesia institucional.

Como he indicado en otros foros, la postmodernidad es un fenómeno difícil de definir.[1] De hecho, algunos científicos

---

[1] Pablo A. Jiménez (1998): *An Untimely Word: Reflections on Preaching in a Postmodern*

sociales franceses prefieren usar el término *surmodernité* para describir nuestros tiempos. Esta palabra francesa puede traducirse al español como «sobremodernidad», dando a entender que depende de la ideología moderna, o como «hipermodernidad», entendida como una aceleración de las tendencias que caracterizaron la era moderna. También encontramos la tesis de Jameson, quien afirma que la postmodernidad no existe, pues lo que el mundo vive hoy es la crisis de la modernidad, no su fin.[2]

Sin embargo, yo me ubico, pues, en el campo de aquellos que entienden que la humanidad ha entrado en una nueva etapa histórica: la era postmoderna. En medio de esta disputa, para continuar este análisis, es necesario ofrecer una definición de este fenómeno histórico, ideológico y social. En particular, sigo la definición del pensador francés Jean-François Lyotard, quien define la postmodernidad como la incredulidad hacia los «metarrelatos» que han definido al mundo moderno.[3] Estos metarrelatos —que también pueden llamarse historias primarias o narrativas fundamentales— son los «mitos» que legitiman la existencia del mundo occidental. Estas historias ofrecen los arquetipos y los paradigmas que orientan nuestra sociedad. Entre las narrativas que el mundo postmoderno encuentra sospechosas, podemos destacar la idea de la liberación de la humanidad (derivada de la Ilustración y de la Revolución Francesa) y la unidad del conocimiento (en la tradición alemana y el pensamiento hegeliano).[4]

Time (Una última palabra: reflexiones sobre la predicación en la era postmoderna), Austin, EE. UU., Episcopal Theological Seminary of the Southwest (Seminario teológico episcopal del sudoeste).

[2] Fredric Jameson (1991): *Postmodernism, or the Cultural Logic of Late Capitalism* (Postmodernismo o la cultura lógica del capitalismo tardío), Londres, Reino Unido, Verso.

[3] Jean-François Lyotard (1984): *The Postmodern Condition: A Report on Knowledge* (La condición postmoderna: un informe sobre el conocimiento), Minneapolis, EE. UU., University of Minnesota Press, p. XXIV.

[4] Ibíd., p. IX.

Los metarrelatos legitiman la cultura occidental porque ofrecen explicaciones del mundo que universalizan la cultura angloeuropea. Este ímpetu «totalizador» es opresivo porque pasa por alto la historia y las influencias culturales de los grupos minoritarios que viven en el primer mundo y de todas las naciones que componen el tercer mundo. Esto explica por qué Lyotard exhorta a su audiencia a «declararle la guerra a la totalidad» y a afirmar la «diferencia».[5] En otras palabras, Lyotard hace un llamado a valorar las «microhistorias», es decir, las historias particulares de los grupos minoritarios y de las culturas extranjeras que han sido marginadas por las culturas dominantes.

Este esquema postmoderno ve el cristianismo como uno de los metarrelatos más importantes de la cultura occidental. Entiende que el cristianismo legitima la cultura angloeuropea y que totaliza la realidad.[6] El problema es que el pensamiento postmoderno afirma que los metarrelatos angloeuropeos perdieron toda su validez después de las atrocidades cometidas por los países europeos durante la Segunda Guerra Mundial. Lyotard afirma que Auschwitz es el «crimen que abre la postmodernidad».[7]

Estas historias fundamentales quedaron desenmascaradas y vacías. Por lo tanto, el pensamiento postmoderno entiende que el cristianismo —en su función de historia fundamental y legítima— también quedó en la bancarrota. Esto presenta un serio desafío a la Iglesia contemporánea, en general, y a la predicación del evangelio, de manera específica. Predicamos el evangelio en medio de un mundo que no nos cree.

---

[5] Ibíd., p. 82.
[6] Jean-François Lyotard (1996): *La Postmodernidad: Explicada a los niños*, Barcelona, España, Editorial Gedisa, p. 29.
[7] Ibíd., p. 31

II. La deconstrucción de la predicación

En este punto, debería proceder a definir los términos básicos que he de usar en mi conferencia, tales como «predicación» y «homilética». Sin embargo, el ímpetu postmoderno dificulta la definición de estos y de cualquier otro concepto. La pregunta que se impone es, pues, ¿por qué?

Por siglos, la humanidad ha creído en valores universales. Por ejemplo, en la Edad Media las sociedades se organizaron de manera jerárquica, creyendo que tal organización reflejaba la organización del universo. En cierto modo, la gente creía que el rey gobernaba con una autoridad derivada de Dios, quien era el rey del universo. Claro está, en cada época de la historia humana las distintas sociedades han afirmado diversos principios universales. Sin embargo, la existencia de dichos principios no se cuestionaba. En resumen, la gente pensaba que la realidad era objetiva.

Durante el siglo XIX, ocurrió un cambio epistemológico importante. Un número cada vez más grande de filósofos comenzó a cuestionar el carácter objetivo del mundo, tal como lo conocemos. Llegado el siglo XX, este cambio motivó el desarrollo de un nuevo paradigma epistemológico: la idea de que la realidad es una construcción social. En palabras sencillas, este paradigma afirma que cada sociedad —a través de sus distintos procesos de socialización— enseña a los individuos lecturas o interpretaciones particulares de la realidad.

Si aceptamos la premisa de que la realidad es una construcción social, entonces debemos también aceptar la idea de que la realidad puede ser *deconstruida*. Aunque el concepto filosófico llamado «deconstrucción» es casi imposible de definir, la siguiente afirmación describe el proceso con precisión: la deconstrucción es una táctica para descentralizar, una manera de leer que nos hace conscientes de la centralidad de un término.

Entonces, intenta subvertir el término central, para que el término marginalizado pueda convertirse en central. El término antes marginalizado derrocha la jerarquía.[8]

Las consecuencias de estas tendencias filosóficas y sociológicas son claras. En primer lugar, nuestra cultura cree que la verdad es relativa y, por lo tanto, muestra escepticismo hacia los valores y las declaraciones absolutas. Esta fragmentación y atomización de la verdad relativiza todos los valores humanos, haciéndolos contingentes a las experiencias personales o sociales. En segundo lugar, todo concepto puede ser deconstruido. La deconstrucción puede darse de dos maneras distintas. Por un lado, algunos tienden a deconstruir solo aquellos conceptos que consideran opresivos, esperando sustituirlos con ideas progresivas y liberadoras. Esta es la opción preferida de las personas que se dedican a los estudios étnico-raciales, que buscan la liberación de comunidades oprimidas. Por otro lado, existen deconstruccionistas que practican un tipo de «terrorismo semántico» que se empeña en atacar cualquier concepto. Esta práctica es peligrosa, ya que puede llevar a una anarquía ideológica.

En términos teológicos, esto implica que la Iglesia ha perdido su hegemonía en la religión occidental. La sociedad postmoderna ya no ve la Iglesia como la única voz autorizada de Dios. Tampoco ve al Dios cristiano como el «primer principio» del universo. Ahora la Iglesia es otra voz en el mercado globalizado de las ideas. La implicación de la deconstrucción para la predicación es tan clara como peligrosa: es necesario definir todos los conceptos que utilizamos en nuestras exposiciones. De otro modo, corremos el riesgo de hablar en vano.

La Iglesia debe definir todos los conceptos que usa en la predicación, comenzando con la palabra *Dios*. Como indiqué al principio, muchas personas postmodernas creen en Dios,

---

[8] Mi traducción de Jim Powell (1997): *Derrida for Beginners* (Derrida para principiantes), New York, EE. UU., Writers & Readers Publishing, p. 26.

pero no necesariamente creen en el Dios que predica la Iglesia cristiana. Es más, me atrevo a afirmar que la postmodernidad cree en una pluralidad de dioses, entre los cuales el Dios de Jesucristo es uno más.

III. La predicación en un mundo globalizado

Existe un mercado globalizado de ideas religiosas. Este mercado se compone de los productores, los distribuidores y los consumidores de los bienes de la salvación. La predicación es uno de los medios de comunicación —y por lo tanto de mercadeo— de este mercado globalizado.

Sin embargo, debemos repetir que este mercado no es necesariamente cristiano. Basta visitar la sección de religión de una megalibrería para comprender este fenómeno. La sección de libros sobre esoterismo, espiritualismo y quiromancia es tan grande como la sección de libros cristianos y más grande que la secciones de los libros judíos, musulmanes y budistas.

Lo que es indiscutible es que este mercado religioso es global. Podemos definir la globalización como la interacción de actividades económicas y culturales entre las diferentes naciones. La globalización fomenta el intercambio de bienes y servicios en un mercado mundial controlado desde los grandes centros financieros del mundo, tales como Nueva York, Londres, Hong Kong, Zurich y Tokio. En la economía global, la localización geográfica de los centros financieros es secundaria. El factor determinante es la velocidad del intercambio de bienes, servicios e información.[9]

La globalización trasciende la etapa de la «internacionalización» que caracterizó la economía mundial a partir de la Segunda Guerra Mundial. La internacionalización asume que hay una

---

[9] Nestor García Canclini (1996): *Consumidores y ciudadanos: Conflictos multiculturales de la globalización*, México, Editorial Grijalbo, p. 16.

diferencia entre los productos nacionales y los extranjeros. En aquellos tiempos, los países usaban instrumentos financieros, tales como los aranceles y las cuotas para limitar el consumo de productos extranjeros, protegiendo así la producción nacional. Por su parte, el mercado global utiliza agencias y tratados internacionales —tales como NAFTA (*North American Free Trade Agreement* [Acuerdo Norteamericano del Libre Comercio]) y GATT (*General Agreement on Trade and Tariffs* [Acuerdo General sobre Comercio y Aranceles])— para eliminar las barreras que limitan el libre comercio. Esto implica que la distinción entre productos extranjeros y nacionales está desapareciendo.

Tomemos, a manera de ejemplo, el mercado de los automóviles. Aunque la prensa todavía habla de «las tres grandes compañías» de autos estadounidenses, en realidad solo quedan dos. Unos años atrás, la compañía alemana Deimler compró la Chrisler, que ahora se conoce como la Deimler-Chrisler. Pero la confusión no termina ahí. La compañía Ford ensambla autos «americanos» en México; mientras que las compañías japonesas Honda, Nissan y Toyota tienen plantas de ensamblaje en los Estados Unidos. Por lo tanto, usted puede comprar un auto estadounidense hecho en México y un carro japonés hecho en Kentucky. Lo que es más, el hecho de que una compañía se identifique históricamente con un lugar no quiere decir que lo represente. Las compañías que dominan el mercado global son corporaciones internacionales cuyos accionistas viven en diversas partes del mundo. Esto explica por qué un centro comercial, galería o *mall* en Minneapolis vende las mismas marcas que los centros comerciales que podemos encontrar en Buenos Aires o en París: Apple, Armani, Godiva, Samsung, Sony y Nike, entre muchas otras.

La globalización es una espada de dos filos que puede tener simultáneamente consecuencias positivas y negativas. En el lado positivo, facilita un nivel de cooperación y de intercambio de información nunca antes visto en la historia de la humanidad. Empero, en el lado negativo, la globalización fomenta cambios súbitos y radicales, tal como la relocalización de plantas manufactureras del primer al tercer mundo. Estos cambios tienen efectos económicos devastadores; efectos que los gobiernos se niegan a reparar. Ante la inacción de los gobiernos neoliberales, las organizaciones no gubernamentales (ONG) han asumido la responsabilidad de cuidar a las comunidades enfermas, pobres y desempleadas.

El mercado global de ideas religiosas está transformando el mundo evangélico hispanoamericano. Permítame traer a su consideración tres ejemplos. El primero es la creación de un nuevo género musical: la música góspel o música cristiana en español. El ímpetu de este movimiento ha creado un nuevo estilo de adoración —conocido como la adoración contemporánea o «alabanza y adoración»— interpretado por una farándula evangélica internacional. Sus cánticos inspiran, aunque en ocasiones no mencionan a Dios, a Jesús o al Espíritu Santo. Esto le permite apelar a personas que no son necesariamente cristianas, pero que se identifican con el mensaje positivo de estos cánticos.

El segundo ejemplo es la proliferación del movimiento G-12, a través de libros, portales electrónicos en Internet y eventos internacionales. Este movimiento ha creado centros en diversos lugares de América Latina, a los cuales la agente acude desde distintas partes del mundo.

El tercero es la compra de casas publicadoras en español por grandes conglomerados estadounidenses —Caribe por Nelson y Vida por Zondervan— que mercadean sus libros en megatiendas tales como Walmart, Sams y Costco. Una vez más, esta literatura tiene el propósito principal de inspirar, utilizando esquemas teológicos tan conservadores como sencillos.

IV. Hacia una nueva definición de la predicación

El cambio radical en las condiciones y el contexto de la predicación cristiana nos lleva necesariamente a revisar nuestra definición del concepto «predicación». En el pasado, importantes eruditos definieron la predicación de diversas maneras. Por ejemplo, como indicamos en el primer capítulo del libro, Phillips Brooks definió la predicación como «la comunicación de la verdad por un hombre a los hombres».[10] Esta otrora influyente definición hoy es deficiente en dos áreas cruciales. Primero, habla de la verdad en términos absolutos, cosa que la postmodernidad rechaza. Segundo, emplea un lenguaje sexista que hoy es inaceptable. Por eso, hay quien la redefine como «la comunicación de la verdad por medio de la personalidad».[11] Otro influyente erudito, John A. Broadus, define la predicación como «el principal medio de difusión del evangelio».[12] Este medio requiere elocuencia que convenza la razón, conmueva el corazón y mueva la voluntad.[13] Al hablar de la triple apelación de la predicación (razón, corazón y voluntad), Broadus se inserta en la corriente retórica que lleva al cristianismo por medio de los escritos de san Agustín, quien reinterpretó la retórica grecorromana.

Entre los autores latinoamericanos, Orlando E. Costas define la predicación de la siguiente manera: «La predicación es, finalmente, un acto dinámico en el cual Dios se dirige a hombres y mujeres fuera y dentro de su pueblo, para confrontarlos con las profundas implicaciones de su obra redentora en

---

[10] Phillips Brooks (sin fecha): *Lectures on Preaching* (Conferencias sobre sermones), Londres, Reino Unido, H. R. Allenson, p. 5.

[11] George A. Sweazy (1976): *Preaching the Good News* (Predicando las buenas nuevas), New Jersey, EE. UU., Prentice Hall, p. 5.

[12] John A. Broadus (1925): *Tratado sobre la predicación*, El Paso, EE. UU., Casa Bautista de Publicaciones, p. 21.

[13] Ibíd., p. 22.

Cristo. Es un acto integral de la adoración pública de la iglesia. Sobre todo, la predicación es un acto escatológico, por cuanto atañe a los últimos tiempos y es instrumento por excelencia del Espíritu para la salvación de los hombres».[14]

La definición de Costas es más teológica que las anteriores, pues recalca la iniciativa divina, la obra de Cristo y la actividad del Espíritu Santo. Cecilio Arrastía, en su libro *Teoría y práctica de la predicación*, define el sermón como una joya literaria[15] y como una pieza de literatura oral.[16] Esto explica por qué el erudito cubano abogaba por el uso extenso de las alusiones a la literatura hispanoamericana en la predicación.

Aunque todas estas definiciones —y las muchas que estamos dejando fuera de consideración— tienen algo que aportar a la predicación actual, proponemos una visión distinta. En mi libro introductorio a la disciplina, defino la predicación de la siguiente manera: «Podemos definir la predicación del evangelio como la interpretación teológica de la vida. La predicación, entonces, es una tarea interdisciplinaria donde el estudio y la interpretación de la Biblia se encuentran con la teología sistemática, la historia de la Iglesia, la educación religiosa, el consejo pastoral y la oratoria. Así, pues, la predicación es un ejercicio de integración teológica y pastoral».[17]

Hoy, prefiero definir la predicación como «la interpretación teológica de la vida en el contexto del culto cristiano». Como puede ver, esta definición trasciende los parámetros tradicionales. En lugar de hablar de principios universales, de la retórica grecorromana, de la teología cristiana tradicional o de la

---

[14] Orlando E. Costas (1973): *Comunicación por medio de la predicación*, Miami, EE. UU., Editorial Caribe, p. 29.

[15] Cecilio Arrastía (1978): *Teoría y práctica de la predicación*, Miami, EE. UU., Editorial Caribe, p. 26.

[16] Ibíd., 47.

[17] Pablo A. Jiménez (2003): *Principios de predicación*, Nashville, EE. UU., Abingdon Press, p. 19.

literatura hispanoamericana, esta definición llama a la persona que predica a enfrentar la crisis espiritual, personal y social que provoca la postmodernidad en nuestras audiencias. Esta interpretación teológica de la vida ocurre en medio de la comunidad de fe. El propósito de la predicación es ayudar a los creyentes a desarrollar estilos de vida congruentes con el evangelio. El propósito de la predicación es ayudar al pueblo a lidiar con los problemas de la vida en forma efectiva, desde la perspectiva de la fe cristiana. En otras palabras, el propósito último de la predicación es ayudar a quienes creen en el evangelio de Jesucristo a vivir como agentes morales responsables en el mundo.

V. La predicación en tiempos de crisis

La iglesia predica el evangelio en medio de una sociedad fascinada por los simulacros postmodernos. Estos simulacros fomentan la profunda crisis social que sacude a nuestros pueblos. Los medios de comunicación masiva son los principales instrumentos que emplean las sociedades postmodernas para diseminar sus simulacros, sus valores y sus prácticas.

Como este asunto es tan complejo, permítame comentar solo tres aspectos de la crisis postmoderna: la sociedad del espectáculo, la simulación y la proliferación de los «no-lugares».

1. La sociedad del espectáculo[18]

La industria de la comunicación necesita personas que produzcan, protagonicen y vendan sus productos culturales. Es decir, los medios de comunicación masiva necesitan celebridades,

---

[18] Esta sección se basa en las ideas de Guy Dabord (1994): *The Society of Spectacle* (La sociedad del espectáculo), New York, EE. UU., Zone Books; y José Pablo Feinman (1994): *Ignotos y famosos: Política, postmodernidad y farándula en la nueva Argentina*, Buenos Aires, Argentina, Planeta.

personas famosas que el «público» desee leer, escuchar o ver. Los famosos no solo se relacionan con la producción de productos culturales, sino que también sirven como los portavoces del mercado global. En cierto modo, las celebridades son el rostro del mercado capitalista neoliberal.

Por su parte, el «público» se compone de centenares de millones de personas «ignotas» o desconocidas. Como dice Juan Pablo Feinman, nuestra sociedad se divide en dos clases de personas: los ignotos y los famosos. Claro está, esta es una relación simbiótica. Los famosos alcanzan fama y fortuna porque el público respalda y compra los productos que venden. Lo que transforma a una persona desconocida en toda una celebridad es el ojo de los mirones.

En nuestra cultura, las celebridades son los modelos de la plena humanidad. Ellas no solo promueven los autos, los perfumes y los bancos que usamos. También promueven los libros, las películas, los programas radiales, los *shows* de televisión y los servicios de Internet que habremos de usar. Ellas veranean en Paris, Mónaco, Cannes y en el resto de los lugares que usted y yo quisiéramos visitar. Ellas viven en las casas que nosotros quisiéramos poder pagar. Se ven como usted y yo deseamos vernos. Son lo que usted y yo deseamos ser. Esto explica porqué la sociedad postmoderna considera a las celebridades como personas extraordinarias. Los medios de comunicación masiva se refieren a ellas usando términos superlativos. Son las personas más bellas, poderosas e influyentes del mundo. Hasta en materias íntimas, como la sexualidad, la sociedad las considera superiores a las demás.

La cultura de la celebridad ha creado la sociedad del espectáculo. Hasta los líderes sociales, políticos y religiosos son ahora «celebridades» cuyas vidas se reseñan en revistas y programas de chismes. La sociedad del espectáculo ignora graves problemas sociales para hablar de la vida sexual de las celebridades o para enfocar en algún crimen espectacular. En lugar de noticias, tenemos entretenimiento noticioso.

2. Realidad y simulacro

Claro está, en un mundo donde todo es entretenimiento, nada es realidad. Por eso, Jean Baudrillard, el erudito francés, ha sacudido al mundo académico con su aguda crítica a la cultura popular. Baudrillard recalca la diferencia entre la realidad y la simulación. Su punto es que la simulación no se refiere a una cosa, a un ser o a una substancia. La simulación es la generación de modelos sin origen o realidad: una *hiperrealidad*.[19] En otras palabras, la simulación tiende a matar y a sustituir a su referente. Esto quiere decir que la línea entre la realidad y la fantasía es tan borrosa que es casi imposible distinguir entre ellas. Ya no es una cuestión de imitación, de duplicación o de parodia. Ahora se sustituyen los signos de lo real por lo real, lo que implica una operación de retrasar todo proceso real por medio de su operación doble, una perfecta maquina prescriptiva programática, que ofrece todos los símbolos de lo real y hace un cortocircuito en todas sus vicisitudes.[20]

Baudrillard emplea el término *simulacro* para describir este nivel avanzado de simulación. Un simulacro es una acción, un ejercicio o un ensayo tan vívido que parece real. Por ejemplo, este es el término que usa para los ejercicios que la Cruz Roja emplea para adiestrar su personal. La tesis de Baudrillard es que los simulacros postmodernos son tan comunes y poderosos que es casi imposible escapar de ellos o distinguirlos de la realidad que intentan enmascarar.

Los espacios cibernéticos proveen un ejemplo claro de los simulacros postmodernos. La «realidad virtual» es falsa; es una simulación que carece de realidad. No obstante, toda

---

[19] Jean Baudrillard (1994): *Simulacra and Simulation* (Simulacro y simulación), Ann Arbor, EE. UU., The University of Michigan Press, p. 1. Para una introducción accesible a su pensamiento, véase a Chris Horrock y Zoran Jevtic (1996): *Introducing Baudrillard* (Introducción a Baudrillard), Cambridge, Reino Unido, Totem Books.

[20] Mi traducción, *Baudrillard*, p. 2.

persona que provea hoy servicios de consejo pastoral, orientación o terapia psicológica se habrá encontrado con personas que prefieren las relaciones virtuales y el sexo cibernético a sus contrapartes reales. La intensidad de la fantasía es tal que prefieren ver pornografía en Internet a tener relaciones sexuales con su pareja.

El problema es que los espacios cibernéticos son una simulación; son una expresión de la hiperrealidad; son simulacros. En realidad, la persona que desarrolla una relación romántica o sexual por medio de Internet está sentada sola frente a un terminal de computadora. Lo cierto es que no está teniendo relaciones sexuales con otra persona, sino que está practicando el autoerotismo. El problema es que no podemos distinguir entre la realidad y la fantasía.

3. Los no-lugares

Marc Augé, otro pensador francés, también ha estudiado la relación entre la realidad y la simulación en la cultura popular. Augé describes el surgimiento de los «no-lugares» en nuestras culturas.[21] Estos «no-lugares» son espacios del anonimato que consideran a los individuos como «clientes» en lugar de verlos como personas. Un individuo siempre está solo en un «no-lugar», aunque esté rodeado de una multitud. Para Augé, los «no-lugares» son una trágica expresión de la sobremodernidad (en francés, *surmodernité*). Lo triste es que nos hemos acostumbrado a vivir en estos espacios anónimos, que precisan intercambios mínimos con los demás. Con solo decir: «Al aeropuerto, por favor», «¿cuánto es?» y «muchas gracias», podemos llegar en taxi a nuestro destino. Basta presentar un pasaje de avión y contestar dos o

---

[21] Marc Augé (1994): *Hacia una antropología de los mundos contemporáneos*, Barcelona, España, Editorial Gedisa; y *Los "no lugares": Espacios del anonimato, Una antropología de la sobremodernidad*, Barcelona, España, Editorial Gedisa.

tres preguntas tontas —como «¿Ha recibido usted algún paquete de un extraño?»— para volar a otra ciudad o a otro país. Frases como «un número uno, por favor», nos aseguran que tendremos una comida bastante completa en un restaurante de comidas rápidas. En todos estos casos, las relaciones interpersonales se minimizan. Ni siquiera necesitamos preguntarle el nombre a quien nos atiende, ya que el taxista tiene colgado en el auto un permiso con su foto, y la empleada del restaurante tiene una etiqueta con su nombre. En el caso del cajero automático, la otra persona sencillamente desaparece. La máquina nos saluda mágicamente por nuestro nombre, nos facilita las transacciones y nos da las gracias por nuestra «visita».

Estos espacios anónimos se siguen multiplicando en nuestra sociedad. De alguna manera, sustituyen a otros espacios donde las relaciones personales eran centrales. Antes comprábamos carne en la carnicería de don Cecilio; ahora la compramos en el supermercado. Sabíamos que Cecilio era cubano, que había luchado en la revolución y que había salido de su país a duras penas —desencantado con el gobierno de Castro—. Lo sabíamos porque hablábamos con él mientras cortaba el pedazo de carne que le habíamos pedido, después de decirle que estábamos esperando visitas. Antes conocíamos a quienes nos atendían en los comercios porque formábamos parte de la misma comunidad. Ahora no necesitamos conocer a nadie; vamos al centro comercial, estacionamos el auto, entramos al supermercado, compramos un pedazo de carne que ya está empaquetado, vamos a la caja, respondemos con un «bien, gracias» al saludo forzado de la cajera, salimos de la tienda, nos subimos al auto y nos vamos.

4. Verdad evangélica y simulación postmoderna

Las diversas expresiones de la simulación postmoderna fomentan la fragmentación de la personalidad. La gente que vive sola en medio de las muchedumbres padece de una depresión crónica, muy difícil de superar. La niñez y la juventud reaccionan con violencia —una violencia que en ocasiones no pueden comprender o explicar— ante los simulacros a los que las sometemos. Tomemos, a manera de ejemplo, la palabra *padre*. Eduardito escucha que su mamá se refiere a su padre biológico como «el donante», y que su hermana mayor llama «papá» a un caballero que la busca todos los sábados en la mañana, pero que no es su papá. Su madre lo obliga a decirle «papá» a sus compañeros consensuales de turno, que se multiplican vez tras vez. Con el tiempo, la palabra *padre* carecerá de todo sentido para Eduardito, quien probablemente terminará siendo el padre biológico de niños que no criará. Eduardo será un hombre infeliz, criado en el simulacro de una familia donde nunca pudo desarrollar relaciones afectivas profundas.

Los seres humanos necesitamos integrar los diversos elementos que forman parte de nuestra historia para poder alcanzar la salud mental. Las personalidades fragmentadas son personalidades enfermas. Los simulacros postmodernos destruyen la salud mental del individuo, deconstruyendo sus valores y dejándolo solo en un mundo donde nada tiene significado.

La Iglesia debe ser un espacio real que fomente la integración de la personalidad y, por ende, la salud mental del individuo. Las comunidades de fe debemos fomentar relaciones interpersonales reales, donde las personas en crisis puedan encontrarse con los valores del reino de Dios. No cabe duda de que la iglesia hispanoamericana ha sido un espacio real donde la gente se conocía, compartía el mensaje del evangelio, y trabajaba unida para implantar programas, tejiendo así relaciones interpersonales complejas y profundas. De hecho, podemos decir que la iglesia es quizás el único espacio donde todavía la gente se encuentra para cantar, estudiar, orar y aprender en un ambiente de hermandad.

Sin embargo, no puedo tapar el cielo con la mano. La verdad es que —a la par del modelo de iglesia de comunidad— ha surgido otro modelo de iglesia. Esta es la congregación a la cual las «visitas» llegan no porque fueron invitadas por un familiar o un amigo, sino porque vieron algún anuncio o alguna referencia a iglesia en los medios de comunicación masiva escritos o electrónicos. Las «visitas» llegan, dejan sus autos en el estacionamiento vigilado por muchachos identificados con etiquetas que dicen «Ujier», entran al templo, reciben un programa escrito que les ayuda a participar de la «adoración», cantan siguiendo las letras proyectadas en una pantalla, saludan efusivamente a personas extrañas cuando se lleva a cabo el saludo de la paz, estrechan la mano del ministro o de alguno de sus ayudantes al finalizar el servicio, suben a sus autos y se van. Los intercambios personales son mínimos. Aparte de los saludos de rigor, su única conversación significativa fue con el otro «Ujier» que le dio para llenar la tarjeta de visitas. Esa tarjeta es el medio por el cual la información personal provista por cada «visitante» irá a parar a una base de datos computarizada, asegurando así el establecimiento de una «relación virtual» con la congregación.

Los datos obtenidos servirán para que un miembro de la Comisión de feligresía lo llame para darle las gracias por su «visita» y lo exhorte a que vuelva otra vez. La voz telefónica le indica que la iglesia ofrece un programa de ejercicios aeróbicos al son de música «cristiana» o un grupo de apoyo que busca adelgazar usando principios «bíblicos». También recibirán por correo una invitación a la próxima campaña de aniversario, donde un grupo musical «cristiano» de fama internacional cantará las canciones incluidas en su más reciente videoclip, incluidas en su disco compacto.

A pesar de todo este activismo, las personas que visitan estas congregaciones están profundamente solas antes, durante y después del culto. En cierto sentido, presentan las mismas categorías de los «no-lugares» que definimos anteriormente. ¿Cómo podremos llamar a estas congregaciones? ¿Qué nombre sería adecuado para caracterizarlas? Si seguimos la lógica de los trabajos de Augé —a falta de otro nombre más adecuado—, podríamos decir que este tipo de congregaciones son «no-iglesias».

Quizás esto parezca un tanto extremo, ya que no podemos negar que hasta en las congregaciones cristianas más gigantescas e impersonales hay grupos pequeños que cultivan relaciones interpersonales profundas. Del mismo modo, reconocemos que hasta en las iglesias de comunidad más efectivas hay feligreses que se sienten solos, pues nunca logran integrarse a la dinámica congregacional. No obstante, hay un factor que nos impide llamar «iglesias» a las congregaciones impersonales: tratan a la feligresía como un «mercado», no como una comunidad. Expliquemos brevemente lo que queremos decir con la distinción entre «mercado» y «comunidad».

La mercadotecnia determina quiénes son las personas o las instituciones interesadas en adquirir sus productos o servicios. El «mercado» no es un todo integrado sino una realidad compleja y diversa. Se divide por edades (niñez, preadolescentes, juventud, jóvenes adultos, personas adultas, ancianos, etc.); por género (hombre, mujer); por grupos étnico-raciales (puertorriqueño, dominicano, hispano, latinoamericano, estadounidense, etc.); por nivel educativo (estudios de secundaria, técnicos, universitarios, graduados, postgraduados, etc.); por preferencia sexual (heterosexual, homosexual, lesbiana, etc.); y por decenas de otras variantes que sería muy largo enumerar. Sin embargo, uno de los criterios determinantes a la hora de delimitar un «mercado» para un producto es la posición socioeconómica de los clientes potenciales: ¿Cuál es su ingreso mensual? ¿Cuánto dinero tienen para gastos discrecionales? ¿Cuánto cuesta el auto que conducen? ¿Cuál es el precio de su casa? ¿En qué zona de la ciudad está su casa?, etc. Cualquier empresa, antes de comenzar a producir sus productos o a ofrecer sus servicios, tiene que determinar cuál es el mercado que desean alcanzar (su *target market*).

Volviendo al tema, lo que verdaderamente me perturba de las congregaciones impersonales es que tienen un *target market* muy bien definido. Aspiran a ser congregaciones urbanas que sirvan primordialmente a las capas media-alta y alta de la sociedad. Su «mercado» principal son las personas profesionales, los negociantes, los industriales y las celebridades. Por eso, ofrecen un ambiente muy parecido al de un centro comercial o al de una empresa de servicios; ambiente caracterizado por la alta eficiencia en transacciones que —a pesar de la cortesía de quienes ofrecen los servicios— son profundamente impersonales. Por eso, también el culto tiene una cierta calidad «espectacular»; por eso parece un *show*. En resumen, este tipo de congregación imita las características de los «no-lugares» porque aspiran a servir al mismo «mercado» que patrocina dichos «no-lugares».[22]

VI. Estrategias para predicar en la crisis postmoderna

El diagnóstico de la crisis es necesario, pero no basta. También es necesario delinear estrategias teológicas y pastorales que nos ayuden a proclamar el evangelio de manera efectiva. Permítame, pues, enumerar diez estrategias para predicar el evangelio en la crisis postmoderna.

1. La predicación como interpretación: Si deseamos ser una iglesia verdadera, que fomente relaciones interpersonales reales y significativas, es necesario ofrecer una

---

[22] En este punto, debemos aclarar que una congregación de feligresía numerosa bien puede conservar su sentido de comunidad. En Puerto Rico, hay varios ejemplos de esto. Por ejemplo, tanto la Iglesia Bautista de Carolina como la Iglesia Cristiana (Discípulos de Cristo) en la Calle Comerío de Bayamón supieron crecer sin comprometer el mensaje del reino. Señalamos estos casos porque cada una de estas congregaciones creció a la vez que plantaba nuevas congregaciones en diversas comunidades. Otras iglesias de buen tamaño cultivan el sentido de comunidad por medio de células en distintos puntos de las ciudades a las cuales sirven.

práctica homilética que ayude al creyente, individualmente, y a la iglesia, a nivel comunitario, a interpretar la vida a la luz de los valores del reino de Dios.[23] Este proceso será, por definición, conflictivo. Implica un choque de valores; un choque entre los valores del evangelio de vida y los valores que fomenta una sociedad donde nada tiene significado y donde, por lo tanto, «todo es lícito». Los valores son cruciales porque determinan la conducta humana. La persona que toma para sí los valores evangélicos reorienta toda su vida, integrando su personalidad y moviéndose hacia la salud mental.

2. La predicación como misión: El predicador y la predicadora que se aventuran a proclamar el evangelio en la postmodernidad deben reconocer que la mayor parte de las personas que los escuchan albergan graves dudas sobre la fe cristiana. Por lo tanto, la predicación hoy requiere una actitud misionera. La predicación postmoderna debe ver la cultura y la sociedad como campos misioneros donde personas que nunca han escuchado el evangelio necesitan desesperadamente la fe de Jesucristo.[24] Debemos presuponer que las personas que entran a nuestras congregaciones no conocen las creencias básicas, las tradiciones ni los valores de la fe cristiana.

3. La predicación como definición: El desconocimiento de los contenidos de la fe cristiana implica desconocimiento de los conceptos básicos de la fe.[25] Debemos presuponer que la mayor parte de la gente no comprende los conceptos

---

[23] Jiménez: *Principios*, capítulos 1 al 3; y Justo L. González y Pablo A. Jiménez (2006): *Manual de Homilética Hispana*, Terrasa, Barcelona, España, Editorial CLIE, capítulo 2.

[24] Sobre este tema, consulte a Orlando E. Costas (1979): *Compromiso y Misión*, Miami, EE. UU., Editorial Caribe; Lesslie Newbigin (1989): *The Gospel in a Pluralistic Society* (El evangelio en una sociedad pluralista), Grand Rapids, EE. UU., Eerdmanns; y Osvaldo L. Mottesi (1989): *Predicación y misión: Una perspectiva pastoral*, Miami, EE. UU., Logoi.

[25] Jiménez, *An Untimely Word* (Una última palabra), p. 19.

religiosos tradicionales. Por esta razón, tenemos que redefinir los conceptos básicos de la teología cristiana en lenguaje que sea accesible al pueblo: Dios, Jesús, Cristo, Espíritu Santo, iglesia, santidad, pecado, salvación y gracia, entre muchos otros. Del mismo modo, debemos reconocer que la jerga evangélica es cada vez más común en los medios de comunicación masiva. Es común escuchar conductores de programas radiales de alto contenido sexual usando términos evangélicos tales como bendición, unción o tribulación. El hecho de que una persona responda diciendo «amén» o «bendecido» cuando usted la saluda diciendo «Dios lo bendiga» no garantiza que dicha persona tenga una relación con Dios y mucho menos que comprenda los contenidos de nuestra fe.

4. La predicación critica y deconstruye: De hecho, la predicación en los tiempos postmodernos tiene una función profética. Tal como he dicho en la primera parte de este escrito, la predicación provee un foro para la crítica social y para la deconstrucción de conceptos negativos para nuestro pueblo. Este aspecto profético de la predicación no se limita a la crítica de ideas religiosas, sino que también nos lleva a ponderar asuntos relacionados a la política, la economía y la vida comunitaria.[26] Sin embargo, debemos cuidarnos de los excesos. Debemos deconstruir las interpretaciones que consideramos erradas y dañinas, no los conceptos centrales de la fe cristiana.

5. La predicación como orientación y consejo pastoral: Del mismo modo, debemos reconocer que la fragmentación de la verdad produce personalidades fragmentadas, hecho que explica la proliferación de los problemas emocionales, mentales y psicológicos en nuestras sociedades.

---

[26] Jiménez, *Principios*, p. 72.

El joven que no conoce el significado de la palabra *padre* —sea porque nunca tuvo uno o porque tuvo siete— no podrá tener relaciones familiares significativas. Del mismo modo, rechazará la metáfora de Dios como «padre». Por lo tanto, la predicación postmoderna deberá entrar en diálogo con el consejo pastoral, buscando fomentar la salud mental de nuestro pueblo.[27] Del mismo modo, deberá buscar nuevas metáforas —como la maternidad de Dios— para comunicar el evangelio.

6. Predicación y cultura popular: La predicación debe reconocer el lugar privilegiado que ocupa la cultura popular en la sociedad postmoderna. Aunque las capas medias y altas continúan leyendo obras de la literatura universal, la inmensa mayoría del pueblo se divierte viendo programas de televisión, películas o jugando videojuegos. La cultura estadounidense —que domina el mundo globalizado— privilegia el vídeo, no la literatura. Los Estados Unidos nunca han producido un escritor como Cervantes, pero España nunca ha producido un Spielberg. Por eso, el futuro de la literatura está en peligro.

El mercado globalizado de libros busca vender más copias de menos títulos, traduciendo obras como *El Código de Da Vinci* para mercadearlas a nivel internacional. Además, el mercado de libros se ha integrado al mercado del entretenimiento, buscando obras que puedan servir como base a películas que puedan ser distribuidas tanto en formato DVD, en forma de videojuegos, como en los distintos formatos de la televisión. En este ambiente, el uso de la literatura latinoamericana en

---

[27] Véase a Donald Capps (1980): *Pastoral Counseling and Preaching: A Quest for an Integrated Ministry* (Consejería y predicación pastoral: una búsqueda para un ministerio integrado), Philadelphia, EE. UU., The Westminster Press; y Daniel S. Schipani (1984): «Predicación y consejo pastoral: Dos caras del ministerio» en *Comunicación y proclamación del evangelio hacia el siglo XXI: Múltiples ideas para la comunicación contemporánea de la palabra de Dios*, editado por Marjorie T. y James W. Carty, Jr, México, CUPSA.

el púlpito no nos ayuda a comunicar el evangelio de manera efectiva, ya que hoy la mayor parte de la juventud desconoce la obra literaria de José Saramago. Sin embargo, la juventud hispanoamericana sabe quién es Alejandro Sanz y conoce sus canciones. Sin menospreciar la literatura, debemos afirmar el valor de la cultura popular como lugar teológico, explorando su utilidad en la predicación.[28]

7. La predicación emplea diversos diseños sermonarios: El tema de la cultura popular nos lleva necesariamente a considerar el tema del diseño sermonario. Por siglos, el sermón deductivo de tres puntos ha sido considerado como el modelo sermonario por antonomasia. Sin embargo, la homilética contemporánea ofrece una amplia variedad de estilos sermonarios.[29] Un fenómeno relacionado es el avivamiento de la predicación narrativa en el púlpito postmoderno. Las nuevas generaciones, acostumbradas a ver historias en el cine y la televisión, son receptivas al estilo narrativo. Otro fenómeno importante es el uso de audio, vídeo y presentaciones computarizadas en la predicación. Una vez más, el uso de estos recursos apela a las generaciones jóvenes, acostumbradas a los videojuegos y a Internet. Sin embargo, es necesario evitar convertir la predicación en otro simulacro postmoderno.

---

[28] Eldin Villafañe (2001): «Salsa Christianity: Reflections on the Latino Church in The Barrio» («Salsa del cristianismo: reflexiones sobre la iglesia latina en el barrio») y «A "Latin Jazz" Note: Hispanic and African-American Reconciliation» («Una nota de *Jazz* latino": reconciliación de hispanos y afroamericanos»), en *A Prayer for the City: Further Reflections on Urban Ministry* (Una oración por la ciudad: reflexiones sobre el ministerio urbano), Austin, EE. UU., Libros AETH, pp. 35-51 y pp. 53-61.

[29] Para una introducción al tema, véase a Ronald J. Allen, editor (1998): *Patterns of Preaching: A Sermon Sampler* (Diseños de predicación: un sermón dechado), St. Louis, EE. UU., Chalice Press; y Richard L. Eslinger (1987): *A New Hearing: Living Options in Homiletic Method* (Un nuevo punto de vista: nuevas opciones en el método homilético), Nashville, EE. UU., Abingdon Press.

8. **La predicación y la lógica inductiva:** La predicación narrativa apela a las nuevas generaciones porque sigue una lógica distinta a la del sermón tradicional.[30] El modelo homilético racionalista inglés —propagado en América Latina por Broadus, Spurgeon y Crane, entre otros— es deductivo. Exhorta a la persona que predica a presentar una tesis o proposición en los primeros minutos del sermón, y a usar el resto del tiempo para aplicar las ideas que se derivan de la verdad central propuesta. Sin embargo, las historias son inductivas por naturaleza, pues alcanzan el punto alto de la tensión narrativa —y por lo tanto de su ímpetu hermenéutico— al final. Muchos de los nuevos estilos homiléticos, siguiendo las enseñanzas de Fred B. Craddock,[31] emplean lógica inductiva para sostener la atención de la audiencia y para invitarla a hacer el viaje hermenéutico junto a la persona que predica.

9. **La predicación es interdisciplinaria:** A través de todo este escrito, he tratado de relacionar la predicación con otras disciplinas teológicas, tales como la hermenéutica, la ética y la teología cristiana, y con otras disciplinas académicas, tales como la economía, la sociología y la filosofía. Mi intención es resaltar el carácter interdisciplinario de la homilética cristiana.[32] La predicación en los tiempos postmodernos necesita entrar en diálogo con otras disciplinas para poder tener el impacto que precisa nuestra iglesia y nuestra sociedad.

---

[30] Sobre el sermón narrativo, véase a Richard L. Eslinger (1995): *Narrative and Imagination: Preaching the Worlds That Shape Us* (Narrativa e imaginación: predicando al mundo que nos forma), Minneapolis, EE. UU., Fortress Press; y a Eugene L. Lowry (1980): *The Homiletical Plot: The Sermon as Narrative Art Form* (El argumento homilético: el sermón como una forma de arte narrativo), Atlanta, EE. UU., John Knox Press.

[31] Fred B. Craddock (1983), *As One Without Authority* (Como uno sin autoridad), St. Louis, EE. UU., Chalice Press.

[32] Jiménez, *Principios*, p. 19

En el próximo capítulo, abogo por un acercamiento postcolonial a la predicación hispanoamericana. Esto es otra expresión del carácter interdisciplinario de la homilética, que al final de cuentas es un ejercicio de integración teológica y pastoral.

10. La predicación forja identidad: Por último, deseo tocar uno de los temas que definen la postmodernidad: la identidad. Mientras, en otras eras, la sociedad definía e imponía la identidad de cada cual, la era postmoderna invita a cada cual a escoger y definir su propia identidad. De hecho, invita a cada cual a definir sus identidades. Sí, en plural, porque la postmodernidad ofrece la oportunidad de relacionarnos con diversas comunidades, forjando simultáneamente diferentes identidades. Hoy la juventud debe escoger su identidad étnica, racial, cultural, nacional y sexual, entre otras. En medio de todos estos reclamos, la predicación ayuda al creyente a forjar su identidad cristiana.[33] Esto está íntimamente ligado al pacto bautismal, donde confesamos públicamente nuestra identidad cristiana. Sin embargo, esta no cancela las otras identidades. Por el contrario, nos llama a tomarlas en serio, reflexionando sobre su significado como lugares teológicos en los cuales y desde los cuales pensamos y vivimos nuestra fe.

VII. Conclusión

La postmodernidad presenta un serio desafío a la Iglesia cristiana, en general, y a la predicación cristiana, en particular. Nos desafía a predicar el evangelio de Jesucristo en medio de sociedades fragmentadas que desconfían del mensaje de todas las instituciones, particularmente de las instituciones religiosas.

---

[33] González y Jiménez, *Manual de Homilética Hispana*, pp. 54-58.

No obstante, la postmodernidad también nos presenta la oportunidad de predicar un evangelio libre de los atavismos de la modernidad. Ya no tenemos que defender los abusos cometidos durante la conquista y la colonización de América. Tampoco tenemos que justificar la empresa colonial. La iglesia postmoderna tiene la libertad de criticar y de deconstruir su propia historia, buscando reconstruir su teología y su labor pastoral.

En el mundo de habla hispana, tenemos buena predicación. Los púlpitos de nuestras iglesias se engalanan con hombres y mujeres que honran a Dios predicando con pasión y autoridad. Lo que falta es más «homilética», el estudio académico, serio y riguroso del arte cristiano de la predicación. Estoy convencido de que el estudio y la práctica de la homilética cristiana bien puede ayudarnos a proclamar el evangelio de manera efectiva para la salvación y regeneración de la humanidad, en el nombre de Jesucristo. Amén.

CAPÍTULO 4

Hacia una homilética postcolonial

I. Introducción

El comienzo del siglo XXI encuentra al mundo en medio de un cambio de paradigmas. Casi todas las personas involucradas en los campos de la filosofía, la sociología, la antropología y la teología concuerdan en que los profundos cambios culturales que el mundo occidental ha experimentado desde la década del 1950 anuncian el comienzo de una nueva época en la historia humana. Sin embargo, el consenso termina ahí. Existen varios movimientos y modelos que pretenden explicar los cambios súbitos, rápidos y constantes que nuestras culturas están experimentando. Mientras el llamado primer mundo debate si la era postmoderna ha llegado o no, la academia en el tercer mundo ha estado estudiando la historia, el impacto y las consecuencias del dominio colonial angloeuropeo en sus respectivos continentes, subcontinentes y naciones.[1]

---

[1] Para una introducción abarcadora al tema, véase Bart Moore-Gilbert (1997): *Postcolonial Theory: Contexts, Practices, Politics* (Teoría postcolonial: contextos, prácticas, políticas), Londres, Reino Unido, Verso. Véase, además, a Bill Ashcroft, Gareth Griffins y Helen Tiffin, editores (1995): *The Post-Colonial Studies Reader* (Lectura de estudios postcoloniales), Londres, Reino Unido, Routledge.

Estos acercamientos «postcoloniales» fueron desarrollados originalmente como modelos para la crítica literaria. Su propósito era estudiar la literatura producida en las antiguas colonias, particularmente aquella escrita en inglés en las antiguas colonias británicas. Con el tiempo, eruditos comenzaron a emplear principios de la nueva crítica «postcolonial» para estudiar toda clase de textos culturales e históricos, no solo los textos literarios. De este modo, los «Estudios postcoloniales» surgieron como una nueva disciplina de estudios, disciplina alimentada por la teoría política desarrollada por los movimientos que lucharon por la liberación de las colonias angloeuropeas y por la teoría de crítica francesa.

Hoy, la palabra *postcolonial* se emplea principalmente en tres contextos diferentes.[2] Primero, la frase «estado postcolonial» describe una nación que ha logrado independizarse del dominio colonial angloeuropeo. Segundo, la «crítica postcolonial» estudia la literatura producida por autores de estas naciones, aun de aquellos que viven en Europa o en los Estados Unidos. Tercero, la «teoría postcolonial» considera los efectos de la ideología postcolonial y las reacciones a ella, que aún afecta a aquellas comunidades que una vez estuvieron bajo la hegemonía angloeuropea.

La afirmación de las identidades culturales es una de las características de estos tiempos postmodernos y postcoloniales. En los Estados Unidos, varios grupos étnicos están tratando de afirmar sus propias identidades culturales. Durante los pasados cuarenta años, las comunidades afroamericanas, indígenas, asiáticas e hispanas han reclamado ocupar un lugar de importancia en la sociedad estadounidense. Del mismo modo, han tratado de «construir» una identidad que pueda unir gente que, a pesar de compartir algunas características culturales,

---

[2] He tomado estas definiciones de Bill Ashcroft, Gareth Griffiths y Helen Tiffin (1998): *Key Concepts in Post-Colonial Studies* (Conceptos clave en estudios postcoloniales), Londres, Reino Unido, Routledge.

en realidad proviene de toda una variedad de naciones. En el caso de la comunidad hispana, el español ha funcionado como el «pegamento» cultural que une personas que pueden trazar su herencia a más de veinticinco países distintos. El «movimiento» hispano o latino ha dedicado sus esfuerzos a lidiar con asuntos, tales como los derechos civiles, la inmigración, el comercio, el bilingüismo y las intervenciones militares estadounidenses en América Latina y el Caribe.

Esta búsqueda de identidad ha causado un gran impacto en el campo de los estudios religiosos, donde eruditos de distintos grupos étnicos han tratado de desarrollar teologías desde sus respectivos lugares sociales. La Teología Hispana, en sus diferentes expresiones, es una de estas teologías contextuales. Creo que —dada la hegemonía colonial y neocolonial que los Estados Unidos ha ejercido sobre América Latina y el Caribe— la Teología Hispana debe ver la Teoría Postcolonial como una compañera de diálogo. De hecho, algunos teólogos latinos y algunas teólogas latinas han comenzado a hacer esto en distintos niveles. En particular, Justo L. González ofrece a través de su extensa bibliografía varios conceptos que evocan, se asemejan y, en ocasiones, nacen de los estudios postcoloniales.

En este capítulo, exploraré la contribución de González a la predicación hispana. En mi opinión, sus reflexiones sobre el tema abren el camino hacia el desarrollo de una homilética hispana. La primera sección expande la definición del término «postcolonial», identificando conceptos que puedan avanzar el diálogo con la Teología Hispana. La segunda sección explora los escritos de González sobre temas, tales como el colonialismo, la hermenéutica y la homilética. La sección final sugiere lineamientos para el desarrollo de un acercamiento postcolonial a la homilética hispana, basada en la contribución de González a este campo.

II. Los estudios postcoloniales

Como indicamos anteriormente, los «estudios postcoloniales»[3] son un campo amplio que abarca dos disciplinas diferentes: la crítica literaria postcolonial y la teoría postcolonial. Ambas disciplinas comparten el supuesto de que la identidad se construye socialmente, determinada por fuerzas ideológicas. Estas disciplinas ven el discurso colonial como una ideología poderosa que apoya y promueve la hegemonía angloeuropea sobre diferentes naciones de Asia, África, Indonesia y América Latina. La ideología colonial determina también la identidad de los diferentes grupos étnicos. En este sentido, los estudios coloniales analizan la manera como el colonialismo angloeuropeo ha definido, cambiado y redefinido la identidad cultural de los pueblos colonizados. También analiza la manera como las culturas angloeuropeas definieron a los pueblos colonizados como los «otros».

Quizás un ejemplo pueda ayudarnos a comprender este principio básico de la crítica postcolonial. Como bien explica el Dr. Luis Rivera Pagán en su libro *Evangelización y Violencia*,[4] los conquistadores europeos justificaron sus acciones sobre la base de una nueva definición de los indígenas. Los europeos redefinieron a los amerindios como «salvajes» que necesitaban estar bajo la tutela de pueblos civilizados. Después de un agrio debate sobre la humanidad de la gente «descubiertas» en África y las Américas, la inteligencia teológica europea concluyó que —aunque eran seres humanos— los amerindios y los africanos tenían severas limitaciones intelectuales. Afirmaron que, excepto contadas excepciones, los pueblos sometidos nunca podrían alcanzar el nivel de civilización que disfrutaban los pueblos europeos.

---

[3] En esta sección, empleo las perspectivas de Ania Loomba (1998): *Colonialism/Postcolonialism* (Colonialismo/Postcolonialismo), Londres, Reino Unido, Routledge.
[4] FALTA

Esta redefinición permitió que los europeos crearan para sí mismos el rol de «amos» con la responsabilidad moral de «civilizar» a los amerindios salvajes. También marcó el comienzo del fenómeno que hoy llamamos «racismo», la ideología que le dio validez seudocientífica y hasta teológica a la idea de que la «gente de color» era inferior a los europeos. Por lo tanto, al redefinir a los amerindios como «salvajes» necesitados de tutelaje, la ideología colonial también redefinió a los pueblos angloeuropeos como una «raza» de gente superior.[5]

Muchos críticos postcoloniales emplean las ideas de Antonio Gramsci como las herramientas preferidas para el análisis económico, social y político.[6] Gramsci hizo importantes contribuciones al pensamiento marxista, afirmando que la estructura económica sostiene una «superestructura» ideológica. Aunque la economía y la ideología están ligadas íntimamente, la idea de una «superestructura» facilita el análisis de las ideologías que acarrean problemas sociales, tales como el racismo y el sexismo. Gramsci también afirmó que las oligarquías dominantes ejercían «hegemonía» sobre las masas. Aunque la hegemonía es un poder opresivo, las masas la aceptan. La propaganda ideológica les enseña a las masas que la hegemonía de las clases dominantes es inevitable. Esta se presenta como la mejor opción o como la única opción. Al aceptar la hegemonía de las clases dominantes, las masas se convierten en sus grupos «subalternos».

Claro está, el pensamiento de Gramsci es mucho más complejo. Él también habló de los «bloques históricos», de los «intelectuales orgánicos» y de los movimientos «antihegemónicos». Sin embargo, hasta un resumen breve e incompleto como

---

[5] Para una discusión completa de este tema, véase a Robert J.C. Young (1995): *Colonial Desire: Hybridity in Theory, Culture, and Race* (Deseo colonial: hibridación entre teoría, cultura y raza), Londres, Reino Unido, Routledge.

[6] Una excelente introducción al pensamiento de Gramsci es Hughes Portelli (1973): *Gramsci y el bloque histórico*, México, Siglo Veintiuno Editores.

este demuestra la utilidad de esta versión del análisis marxista para el pensamiento postcolonial. El concepto clave es «hegemonía», concepto que describe el poder político y militar que las naciones angloeuropeas ejercieron sobre el resto del mundo. El discurso colonial y el racismo fueron ideologías creadas para validar la hegemonía de Europa y los Estados Unidos sobre los pueblos colonizados. Estas influyentes ideologías crearon la autoimagen y la identidad de los «subalternos» coloniales, quienes fueron indoctrinados para que vieran la hegemonía angloeuropea como lógica, natural y aun predestinada por Dios. En resumen, el pensamiento de Gramsci es una herramienta muy valiosa para el pensamiento postcolonial.

III. La Teología Hispana como una disciplina postcolonial

A estas alturas, los puntos de contacto entre la Teología Hispana y el pensamiento postcolonial deben ser evidentes. La Teología Hispana es una teología contextual que explora cómo la hegemonía colonial y neocolonial angloeuropea ha creado este conglomerado de personas que hoy somos denominadas como «hispanas» o «latinas». El análisis y la deconstrucción del discurso colonial son clave para comprender la identidad hispana y para el desarrollo de programas de acción y reflexión antihegemónica.

La Teología Hispana busca desenmascarar la «superestructura» ideológica racista que le ha causado tanto dolor a la comunidad hispana. También busca darles voz a las personas subalternas hispanas que —victimizadas por un sistema educativo racista— aprendieron a aceptar e incluso a contribuir a su propia opresión.

Varios teólogos y teólogas hispanos han usado la teoría postcolonial como una herramienta en el desarrollo de su pensamiento teológico. Es posible ver la influencia del pensamiento postcolonial aun en los primeros trabajos de Virgilio Elizondo.[7] Como sabemos, Elizondo propuso la metáfora «mestizaje» como un concepto clave para el análisis de la condición hispana. Esta metáfora encarna los procesos sociales que produjeron lo que ahora llamamos la subcultura «hispanoamericana». Para Elizondo, la comunidad hispana es el resultado de un proceso de hibridación cultural; de la unión de personas españolas, con personas amerindias y con personas angloeuropeas.

El pensamiento francés influenció el uso de la palabra *mestizaje* en los escritos de Elizondo. Como sabemos, Francia luchó varias guerras en África durante el siglo XX, tratando de retener hegemonía sobre sus antiguas colonias. Esta tensa situación animó un agitado debate académico sobre el colonialismo, como demuestran los trabajos de Aimée Cesaire,[8] Léopold Sédar Senghor,[9] Albert Memmi[10] y Franz Fanon,[11] entre otros. Una de las imágenes empleadas en estos debates para describir la hibridación cultural[12] fue precisamente *métis*,

---

[7] Virgilio Elizondo (1975): *Christianity and Culture: An Introduction to Pastoral Theology and Ministry for the Bicultural Community* (Cristianismo y cultura: una introducción a la teología y el ministerio pastoral para la comunidad bicultural), San Antonio, EE. UU., Mexican American Cultural Center; *Galilean Journey: The Mexican-American Promise* (Viaje galileo: la promesa mexicano-americana), Maryknoll, EE. UU., Orbis Press (1983); *The Future is Mestizo: Life Where Cultures Meet* (El futuro es mestizo: la vida donde las culturas se encuentran), New York, EE. UU., The Crossroad Publishing Company (1992).

[8] Aimé Cesaire (2000): *Cahiér du rétours au pays natal* Columbus, Ohio State University.

[9] Léopold Sédar Senghor (1994): «Negritude: A Humanism of the Twentieth Century» («Negritud: un humanism para el siglo XXI») en *Colonial Discourse and Post-Colonial Theory: A Reader* (Discurso colonial y teoría postcolonial: una lectura) editado e introducido por Patrick Williams & Laura Chrisman, New York, EE. UU., Columbia University Press.

[10] Albert Memmi (1969): *Retrato del Colonizado*, Buenos Aires, Argentina, Ediciones de la Flor.

[11] Frantz Fanon (1963): *Los Condenados de la Tierra*, México, Fondo de Cultura Económica; *Black Skin, White Masks* (Piel negra, máscaras blancas), New York, EE. UU., Grove Press (1967).

[12] Sobre la hibridación cultural, véase *Colonial Desire*, op.cit. y Homi K. Bhabha (1994): *The Location of Culture* (El lugar de la cultura), Londres, Reino Unido, Routledge.

la palabra francesa para «mestizo». En este sentido, podemos afirmar que Elizondo, quien estudió en Francia durante la década del 1960, adoptó el concepto *métissage* de estos tempranos debates coloniales. También podemos afirmar que adaptó y empleó correctamente el concepto en el desarrollo de lo que hoy llamamos «Teología Hispana».

Junto a Elizondo, otros teólogos y teólogas católicos han usado principios del análisis postcolonial como herramientas para el análisis social. Primero, Fernando F. Segovia ha usado los conceptos «el otro», «hegemonía» y «alteridad» en sus muchos escritos.[13] Segundo, Ada María Isasi-Díaz ha empleado conceptos postcoloniales en su agudo análisis de la condición hispana.[14] Del mismo modo, el pensamiento postcolonial se ha convertido en una de las herramientas críticas preferidas de las nuevas generaciones de teólogos y teólogas hispanos, particularmente de aquellas personas que han estudiado bajo la dirección de Segovia y de Isasi-Díaz.[15]

---

[13] Fernando F. Segovia (1995): «*The Text as Other: Towards a Hispanic American Hermeneutic*» (« »: hacia una hermenéutica hispanoamericana») en *Text and Experience: Towards a Cultural Exegesis of the Bible* (Texto y experiencia: hacia una exégesis cultural de la Biblia), editado por Daniel Smith-Christopher, Sheffield, Sheffield Academic Press, pp. 276-298; «*Toward a Hermeneutics of the Diaspora: A Hermeneutics of Otherness and Engagement*» («Hacia una hermenéutica de la diáspora: una hermenéutica de la diferencia y el compromiso») en *Reading from this Place* (Lectura desde este lugar), vol. I: *Social Location and Biblical Interpretation in the United States* (El lugar social y la interpretación bíblica en los Estados Unidos), editado por Fernando F. Segovia y Mary Ann Tolbert, Minneapolis, EE. UU., Fortress Press (1995), pp. 57-73; «*In the World but Not of It: Exile as Locus for a Theology of the Diaspora*» (En el mundo pero no del mundo: el exilio como un lugar para la teología de la diáspora) en *Hispanic/Latino Theology* (Tología hispano-latina), editado por Fernando F. Segovia y Ada María Isasi-Díaz, Minneapolis, EE. UU., Fortress Press (1996), pp. 195-217.

[14] Ada María Isasi-Díaz, «*By the Rivers of Babylon: Exile as a way of Life*» («Por el río de Babilonia: exilio como una forma de vida), en *Reading from this Place* (Lecturas desde este lugar), op. cit, pp. 149-163.

[15] Véase, por ejemplo, a Leticia Guardiola (1997): «*Borderless Women and Borderless Texts. A Cultural Reading of Matthew 15:21-28*» («Mujeres sin frontera, textos sin frontera: una lectura cultural de Mateo 15:21-28»), *Semeia* 78, pp. 69-81.

IV. Pistas postcoloniales en la teología de González

Como he dicho anteriormente, creo que los principios teológicos desarrollados por Justo L. González en sus muchos escritos evocan, se asemejan y, en ocasiones, emplean conceptos postcoloniales. En esta sección, trataré de detectar pistas postcoloniales en sus escritos históricos, antropológicos, teológicos, hermenéuticos y postcoloniales.

1. Escritos históricos

Antes que nada, Justo L. González es un historiador de la teología. Sus primeras publicaciones incluyen una historia de las misiones en un tomo, la abarcadora historia del pensamiento cristiano en tres tomos, y un corto volumen titulado *The Development of Christianity in the Latin Caribbean* (El desarrollo del cristianismo en el Caribe).[16] La primera parte de este último libro describe la cristiandad desarrollada bajo el régimen colonial. El texto detalla los métodos, la teoría y el establecimiento de la hegemonía española en las Américas. En este libro, González establece el fundamento para la abarcadora crítica del discurso colonial que desarrolla en sus escritos más recientes.

González retorna al tema del dominio colonial español en su historia ilustrada del cristianismo.[17] Este libro comenzó como un acercamiento «novelizado» a la historia de la iglesia cristiana, escrita para líderes y ministros laicos. Por esta razón, el libro fue publicado originalmente en diez cortos tomos. Con

---

[16] *The Development of Christianity in the Latin Caribbean* (El desarrollo del cristianismo en el Caribe), Grand Rapids, EE. UU., Wm. B. Eerdmans Publishing Co. (1969).

[17] *Historia del Cristianismo*, edición revisada en dos tomos, Miami, EE. UU., Unilit (1994).

el tiempo, probó su valor en los círculos académicos y llegó a ser uno de los textos requeridos en muchos seminarios. Finalmente, el libro fue editado en dos tomos, su presente formato. En todo caso, el segundo volumen de este libro comienza de forma sorpresiva. La sección sobre la Reforma protestante empieza con el análisis del papel que jugó la corona española en los eventos que motivaron la Reforma. De esta manera, González coloca la empresa colonial en el centro del Renacimiento y de la Reforma. Este acercamiento difiere de la visión tradicional que entiende estos movimientos como fenómenos exclusivamente europeos. Este acercamiento también concuerda con el postulado postcolonial de que la empresa colonial determinó la naciente identidad europea.

En su libro, González reitera y expande el análisis de la justificación ideológica y teológica de la hegemonía española en América. Presta particular atención a la respuesta antihegemónica de clérigos como Fray Bartolomé de las Casas, quien se opuso a las ideas teológicas que legitimaron la explotación de las comunidades amerindias en la cuenca del Caribe.

Fiel a su vocación como historiador, González dedica varias secciones de *Teología liberadora* —una teología sistemática escrita desde una perspectiva hispana— al estudio de eventos históricos.[18] En este libro, González vuelve a explorar algunos temas estudiados en sus libros anteriores. Sin embargo, aquí su tono es mucho más militante. Este también es el caso de los ensayos que publicó en *Desde el reverso*.[19] En sus escritos tardíos, su crítica de la empresa colonial y de sus consecuencias es mucho más clara y directa.

---

[18] *Mañana: Christian Theology from a Hispanic Perspective* (Teología cristiana desde una perspectiva hispana), Nashville, EE. UU., Abingdon Press (1990).

[19] Justo L. González, et. al. (1993): *Desde el reverso: Materiales para la historia de la Iglesia*, México, Publicaciones El Faro.

2. Escritos antropológicos

Sé que el título de esta sección sorprendería hasta al mismo González. Sin embargo, el hecho es que González ha publicado varios ensayos sobre la identidad hispana. No encontrando un título mejor, he decidido clasificar estos ensayos como «antropológicos».

En este punto, debemos volver a *Teología liberadora*, libro que comienza con una extensa discusión de la identidad hispana. El primer capítulo analiza temas, tales como el desarrollo de una perspectiva étnica y las implicaciones teológicas y culturales de dicha perspectiva. También describe el crecimiento fenomenal de la comunidad hispana. Hasta estudia el trasfondo católico y la experiencia protestantes de las comunidades hispanas, anunciando la llegada de una «nueva Reforma». «*Hispanics in the United States*» («Los hispanos en los Estados Unidos») es otro ensayo sobre el tema en la bibliografía de González.[20] Este afirma que las comunidades hispanas están surgiendo como una nueva subcultura en los Estados Unidos. González explica que la emergente cultura «hispana» o «latina» incluye elementos lingüísticos, culturales y hasta culinarios de varios trasfondos latinoamericanos. Gente de toda una variedad de trasfondos culturales se está uniendo para formar una nueva identidad «hispano-latina». González afirma que las iglesias cristianas —tanto católicas, como protestantes y pentecostales— son focos muy importantes en este proceso de hibridación o «mestizaje».

3. Escritos teológicos

Es imposible resumir en un ensayo como este las muchas publicaciones de González en el área de la teología sistemática.

---

[20] «*Hispanics in the United States*» («Los hispanos en los Estados Unidos»), *Listening* 27:1, (invierno 1992), pp. 7-16.

Por esta razón, comentaré solo cuatro de sus muchos escritos: *Christian Thought Revisited* (Pensamiento cristiano revisado), *Teología liberadora*, *Out of Every Tribe and Nation* (Fuera de cualquier tribu o nación), y el ensayo «*Metamodern Christians in Postmodern Jerusalem*» («Cristianos modernos en la Jerusalén postmoderna»).

En *Christian Thought Revisited*,[21] González clasifica las teologías de la Iglesia Antigua en tres tipos denominados «a, b y c». Este último identifica a la teología pastoral cuyo máximo exponente fue Ireneo. Este tipo de teología es congruente con las teologías contextuales contemporáneas que emplean el modelo de acción/reflexión. Por lo tanto, este libro invita a las teologías étnicas contemporáneas a entrar en diálogo con la tradición de la Iglesia.

Si bien *Christian Thought Revisited* pone el fundamento para el desarrollo de una teología contextual, *Teología liberadora* esboza los principios de una teología hispana. La metodología del libro es similar a la de la *Teología Latinoamericana de Liberación*, dado que comienza con el abarcador análisis social descrito anteriormente. *Teología liberadora* es un manifiesto teológico que afirma la emergente identidad «hispano-latina» y, entonces, desarrolla una teología sistemática desde este lugar social.

Por su parte, *Out of Every Tribe and Nation*[22] es un intento de desarrollar una teología sistemática multiétnica y multicultural. Este estudio une perspectivas de varios grupos minoritarios que también han sufrido las consecuencias de la hegemonía colonial. Las comunidades afroamericanas, indígenas y hasta las asiáticas comparten una característica crucial con la hispana: han forjado su identidad cultural en diálogo forzado con el discurso colonial angloeuropeo.

---

[21] *Christian Thought Revisited: Three Types of Theology* (Pensamiento cristiano revisado: tres tipos de teología), Nashville, EE. UU., Abingdon Press (1989).

[22] *Every Tribe and Nation: Theology at the Ethnic Roundtable* (Cada tribu y nación: teología de una etnia con igualdad de condiciones), Nashville, EE. UU., Abingdon Press (1992).

Finalmente, González escribió un corto ensayo sobre la postmodernidad titulado «*Metamodern Christians in Postmodern Jerusalem*».[23] Una de las características más importantes de este artículo es su actitud de sospecha hacia el pensamiento postmoderno.

González deconstruye la afirmación postmoderna de que las «historias maestras» o «metahistorias» han perdido su validez.

González teme que la postmodernidad esté haciendo avanzar un nuevo «metarelato»: la idea de que no hay metarelatos válidos, de que todos son parciales, y de que han perdido todo su poder.[24] Por eso, González propone lo que llama un acercamiento «metamoderno» a la historia. Sin embargo, afirma explícitamente que lo que él llama «metamoderno» se acerca a lo que Stephen Slemon llama «postcolonial».[25] El punto que tienen en común estos acercamientos es que las comunidades que antes fueron colonizadas pueden usar algunos de sus textos culturales autoritativos para desmantelar las estructuras de poder creadas por la modernidad y sostenidas por la postmodernidad.[26]

4. Escritos hermenéuticos

Mientras mi generación conoció a González principalmente como un historiador, las generaciones más jóvenes lo conocen en especial por sus escritos históricos y hermenéuticos. Por ejemplo, quizás el capítulo mejor conocido y más usado de *Teología liberadora* es el titulado «*Reading the Bible in Spanish*» (Leyendo la Biblia en español). Aquí González propone un método hermenéutico que capacita al lector o a la lectora para

---

[23] «*Metamodern Christians in Postmodern Jerusalem*» («Cristianos metamodernos en la Jerusalén postmoderna») en *Hispanic/Latino Theology* (Teología hispano-latina), op. cit., pp. 340-350.
[24] Ibíd., p. 346.
[25] Ibíd., p. 347.
[26] Ibíd., p. 348.

leer la Biblia desde una perspectiva hispano-latina (aunque dicha persona no sea hispana y no lea castellano).

Con el tiempo, González expandió su contribución a la teoría hermenéutica en *Santa Biblia*.[27] En este libro, González explora siete metáforas usadas en la Teología Hispana para encarnar, resumir y analizar la condición hispana. Los términos *marginalidad* y *pobreza* evocan la lucha contra la opresión colonial y neocolonial que tanto sufrimiento causa a nuestro pueblo. *Mestizaje* y *mulatez* describen el proceso de hibridación que ha creado a la comunidad hispana. *Exilio* y *extranjero* hablan de las consecuencias del dominio neocolonial y de la intervención militar en América Latina. *Solidaridad* es la metáfora que nos llama a formar un bloque histórico antihegemónico contra las fuerzas de la muerte que oprimen a nuestro pueblo.

Además de la teoría hermenéutica, González ha publicado varios comentarios bíblicos. Podemos afirmar que su comentario sobre los Hechos de los Apóstoles es programático,[28] dado que describe cómo la comunidad cristiana primitiva forjó una nueva identidad social. Debemos notar que esta es la misma tarea que enfrenta la comunidad hispana contemporánea.

González también ha publicado tres libros sobre Apocalipsis, dos de ellos escritos junto con Catherine G. González, su esposa.[29] El título de su libro más reciente es *For the Healing of the Nations* (Por la sanidad de las naciones).[30] En dicho volumen, González compara los conflictos culturales actuales

---

[27] *Santa Biblia: the Bible Through Hispanic Eyes* (Santa Biblia: la Biblia a través de ojos hispanos), Nashville, EE. UU., Abingdon Press (1996).

[28] *Hechos*, Miami, EE. UU., Editorial Caribe (1992)

[29] Justo L. & Catherine G. González (1978): *Vision at Patmos: A Study of the Book of Revelation* (Visión de Patmos: un estudio sobre el libro de Apocalipsis), Nashville, EE. UU., Abingdon Press; *Revelation* (Apocalipsis), Louisville, EE. UU., Westminster/John Knox Press (1997).

[30] *For the Healing of the Nations: The Book of Revelation in an Age of Cultural Conflict* (Por la sanidad de las naciones: el libro de Apocalipsis en una época de conflicto cultural), Maryknoll, Orbis Books (1999).

con los que afectaron a la cuenca del Mediterráneo durante los primeros siglos de la era cristiana. González ve el libro de Apocalipsis como el recuento de cómo la comunidad cristiana enfrentó estos conflictos culturales. De todos sus escritos, este es el que más se acerca al análisis social postcolonial. El autor afirma que uno de los resultados de la hegemonía romana fue un ímpetu «multicultural» que acarreó graves problemas para la identidad social romana. Como en el caso de los Hechos, González sugiere que existe un paralelo muy claro entre los conflictos culturales del mundo bíblico y los desafíos que presenta el multiculturalismo al dominio colonial angloeuropeo.

V. Escritos homiléticos

Justo L. y Catherine G. González escribieron *Liberation Preaching* (Sermón de liberación),[31] un influyente libro de texto sobre cómo la Teología Latinoamericana de la Liberación puede informar la homilética contemporánea. Una de las muchas virtudes de este libro es su llamado a considerar el lugar social tanto de la persona que predica como de su congregación. Justo provee varios ejemplos de cómo su etnicidad afecta la forma como él interpreta la Biblia, leyéndola desde su propia tradición. Por su parte, Catherine lee la misma Biblia desde una tradición y desde un lugar social distinto al de Justo.

Los González expanden estas perspectivas sobre la importancia de la identidad cultural y de la localización social para la predicación en un ensayo llamado «*The Larger Context*» («El gran contexto»).[32] Aquí exploran los contextos sacramentales,

---

[31] Justo L. & Catherine G. González (1980): *Liberation Preaching: The Bible and the Oppressed* (Sermón de liberación: la Biblia y el oprimido), Nashville, EE. UU., Abingdon Press.

[32] Justo L. & Catherine G. González (1988): «*The Larger Context*» («El gran contexto») en *Preaching as a Social Act: Theology and Practice* (El sermón como un acto social: teología y práctica), Nashville, EE. UU., Abingdon Press.

sociales, políticos y económicos de la predicación en los Estados Unidos. Los González han continuado su contribución al campo de la homilética con la publicación de *The Liberating Pulpit* (La liberación del púlpito), una versión revisada y aumentada de *Liberation Preaching*.[33]

IV. Hacia una homilética postcolonial

Como hemos visto, el trabajo de Justo L. González ofrece varios puntos de contacto con el pensamiento postcolonial. A través de sus muchos escritos en diferentes campos teológicos, González reitera la importancia de la identidad, la localización social y la crítica ideológica para el desarrollo de las teologías contextuales.

En el caso de las comunidades hispanoamericanas, estos temas nos llevan necesariamente a confrontar el discurso colonial que ha legitimado la hegemonía angloeuropea sobre América Latina y el Caribe. Es imposible construir una teología con, desde y para la comunidad hispano-latina sin analizar cómo el discurso colonial ha forjado nuestra identidad como «subalternos colonizados».

Es precisamente esta identidad «subalterna» lo que presenta el desafío más serio a la condición postcolonial de la comunidad hispana. Si en verdad las personas hispanas hemos sido indoctrinadas para menospreciarnos a nosotras mismas por un sistema de socialización que nos enseñó que éramos inferiores a las personas de ascendencia angloeuropea, ¿cómo podremos, pues, encontrar una «voz» para hablar contra ese sistema opresivo? Si en verdad hemos internalizado nuestra posición social y económica como «subalternos», ¿acaso puede un «subalterno» hablar?[34]

---

[33] Justo L. & Catherine G. González (1994): *The Liberating Pulpit* (La liberación del púlpito), Nashville, EE. UU., Abingdon Press.

[34] Gayatri Chakravorti Spivak: «*Can the subaltern speak?*» («¿Puede hablar el subalterno?») en *Colonial Discourse and Post-Colonial Theory* (Discurso colonial y teoría postcolonial), op. cit., pp. 66-111.

Las opciones son pocas. Primero, puede ser que una persona subalterna nunca pueda hablar por sí misma, ya que le sería imposible liberarse de su identidad como persona «colonizada». Segundo, una elite intelectual podría comunicar las necesidades de las comunidades colonizadas, aunque sería necesario preguntarnos cómo dichos intelectuales podrían librarse de su identidad «subalterna». La tercera opción afirma que las comunidades subalternas tienen prácticas y textos culturales que les permiten confrontar y hasta destruir las falsas identidades que les han sido impuestas por el dominio colonial. Si esto fuera cierto, significaría que el «subalterno» siempre ha tenido la capacidad para hablar y que ha estado hablando constantemente, aunque las autoridades y las instituciones coloniales han obviado y hasta suprimido su voz.

Mutatis mutandis, pregunto: «¿Acaso puede una persona "subalterna" predicar?». Es decir, ¿acaso las personas hispanas podemos deconstruir las falsas identidades creadas por las teologías coloniales, identidades que nos han definido como «subalternas»? ¿Acaso puede el pueblo latino desarrollar prácticas religiosas antihegemónicas? ¿Acaso podemos encontrar una «voz» que nos permita predicar un evangelio contextualizado, que lea la Biblia y la tradición cristiana desde nuestro propio lugar social? Repito, ¿acaso puede una persona (hispana) subalterna predicar?

Mi respuesta es que sí, podemos predicar. Sin embargo, necesitamos construir una homilética postcolonial que nos permita predicar el evangelio de manera pertinente a nuestras comunidades hispanas. Esta teoría hermenéutica, informada por la hermenéutica y la Teología Hispana, denunciará y desenmascarará las ideologías coloniales que destruyen a nuestro pueblo. Una teoría homilética como esta capacitará a las personas hispanas que predican el evangelio para ser poetisas, profetisas y pastoras de las comunidades que sirven.

En sus muchos escritos, Justo L. González coloca un fundamento sobre el cual las nuevas generaciones de teólogos y teólogas hispanos podrán construir una homilética postcolonial que les dará «voz» a aquellas personas y comunidades que antes no la tenían. González provee valiosas herramientas históricas, antropológicas, teológicas, hermenéuticas y homiléticas. Usemos estas herramientas con sabiduría para anunciar con libertad el evangelio liberador para todo el pueblo de Dios.

SEGUNDA SECCIÓN
Teología y diseño del sermón

CAPÍTULO 5

Teologías de la predicación

I. Introducción

Las personas de fe llegamos a conocer a Dios por medio del evento de la predicación. El sermón es un medio para enseñar tanto contenidos como procesos. Es decir, el sermón es un medio tanto para enseñar los principios básicos y avanzados de la fe cristiana como para enseñarles a nuestras congregaciones a pensar teológicamente.

El tema central de las teologías de la predicación se puede resumir en la siguiente pregunta: ¿Cómo se establece el punto de contacto entre Dios y la humanidad? Este importante tema se aborda desde dos perspectivas. Por un lado, las teologías de la predicación exploran cómo Dios se ha revelado a la humanidad. Por otro lado, tratan de discernir cómo se manifiesta la presencia de Dios por medio de la predicación. En fin, el tema central de las teologías de la predicación es la forma en que Dios se revela al ser humano.

En este ensayo, ofreceré algunas ideas sobre el futuro de la teología de la predicación hispanoamericana. Comenzaré esta reflexión dándole un vistazo a distintas teologías contemporáneas sobre el tema de la predicación. A renglón seguido, se explorará la contribución de autores hispanoamericanos al tema. Terminaré proponiendo temas teológicos para la predicación cristiana hoy.

II. Teologías contemporáneas de la predicación

Como bien habrá notado, estoy usando la palabra *teología* en plural. Esto se debe a que existen distintas teorías sobre cómo Dios se revela y se manifiesta durante la predicación del evangelio. Estas teologías reflejan distintos énfasis denominacionales, culturales e ideológicos. Para efectos de este ensayo, dividiré estas teologías de la predicación en dos grandes áreas: el campo protestante y el campo católico.

A. El campo protestante

Las teologías de la predicación producidas por eruditos y eruditas protestantes comparten ciertas características. Estas tienden a recalcar la distancia que separa al ser humano pecador del Dios que es santo. Es decir, nos recuerdan que la humanidad es pecadora porque comparte una naturaleza caída, razón por la cual necesita la salvación provista por Dios en Cristo en el poder del Espíritu Santo. Por regla general, estas teologías protestantes son cristocéntricas, ya que afirman el carácter definitivo de la obra salvífica de nuestro Señor Jesucristo.

Haciendo honor a su herencia reformada, ven la Biblia como el vehículo principal de la revelación divina. Por esta razón, minimizan la importancia de la revelación que podamos recibir por medio de la naturaleza.

A continuación resumiré las ideas teológicas en torno al tema de la predicación de Karl Barth, Harry Emerson Fosdick, Paul Tillich, Gerhard Ebeling y Billy Graham.[1]

---

[1] En esta sección, seguimos a Robert W. Duke (1980): *The Sermon as God's Word: Theologies for Preaching* (El sermón como palabra de Dios: teologías de la predicación), Nashville, EE. UU., Abingdon Press.

1. Barth: El teólogo suizo Karl Barth desarrolló una teología de la palabra que aseguraba la iniciativa divina; afirmaba que la única razón por la cual los seres humanos podemos conocer a Dios es porque este se ha revelado. Para Barth, la función principal del sermón es proclamar que Dios se ha manifestado en la persona histórica de Jesucristo. La imagen principal de su teología es el «encuentro». Por esta razón, indica que el propósito principal del sermón es conducirnos a un encuentro con Dios. Jesús es quien nos invita a establecer una relación con el Padre. Esta invitación es tanto un acto de gracia como un acto de juicio; es ley y evangelio. En este punto, Barth se basa en la teología de la predicación elaborada por Martín Lutero. El pecado es el rechazo de dicha invitación a escuchar y a obedecer la voz divina. En este sistema, la tarea principal de la persona que predica es escuchar la Palabra de Dios en obediencia. El énfasis principal de la predicación es establecer una relación correcta con Dios. Aunque el énfasis principal está en la relación personal con Dios, Barth afirma que el encuentro con la Palabra de Dios nos lleva a cuestionar los valores del mundo actual a la luz de la revelación divina.

2. Fosdick: Harry Emerson Fosdick fue un famoso predicador estadounidense que expuso la corriente teológica conocida como el «evangelio social». Enseñaba que la tarea principal del sermón era proclamar el evangelio de manera que su poder transformara la sociedad. Aunque afirmaba la autoridad de las Escrituras, rechazaba las interpretaciones literales. Fosdick veía la Biblia como una fuente de verdades morales y de principios eternos. Entendía que el pecado era expresión y consecuencia de la ignorancia humana, ignorancia que podía ser superada por medio del conocimiento de la verdad evangélica. En este sistema, Jesucristo es el modelo para el desarrollo

humano y su ejemplo moral es tan o más importante que su naturaleza divina. El reino de Dios se ve como un símbolo de la felicidad que la humanidad puede alcanzar por medio del progreso. En fin, Fosdick veía la religión como un asunto principalmente social.

3. Tillich: Este teólogo alemán trasplantado al ámbito estadounidense produjo una teología de corte existencialista. En su sistema, el propósito del sermón es analizar la vida humana, reconociendo nuestra triste situación de pecado. Siguiendo los principios existencialistas, define el pecado como una «enfermedad» espiritual que se manifiesta en desórdenes, tales como la inquietud, la ansiedad y la fragmentación. Si el pecado es enfermedad, Jesús es nuestro sanador, quien nos enseña a vivir de manera auténtica dado que es la medida del «nuevo hombre». La imagen central de esta teología de la predicación es, pues, la reconciliación. La Biblia y la cultura son los dos «textos» que proveen pistas para el análisis teológico. El sermón «correlaciona» los problemas actuales del ser humano angustiado con diversos temas teológicos. Comprendiendo que el lenguaje tiene una función simbólica, esta teología nos llama a emplear nuevos símbolos para hablar sobre la relación entre Dios y la humanidad. Por ejemplo, Tillich empleó la palabra *sanidad* como una forma contemporánea de comunicar el mensaje bíblico y teológico de la salvación.

4. Ebeling: Gerhard Ebeling también trabajó sobre el viejo principio luterano de que la predicación del evangelio es la exposición tanto de la ley como de la gracia de Dios. Veía el sermón como un evento lingüístico por medio del cual la Palabra de Dios examinaba e interpretaba a la congregación. La palabra nos desafía, llamándonos a cambiar nuestra forma de comprendernos a nosotros mismos. La fe es respuesta a Cristo, quien es la palabra de Dios hecha

carne, y a la Biblia, que da testimonio escrito de dicha palabra. El ser humano vive entre el juicio y la gracia de Dios dado que es un pecador justificado por la gracia de Dios (en latín, *simul justus et peccator*). En este sentido, la Palabra nos desafía constantemente a ser agentes morales responsables de nuestros propios actos.

5. Graham: Billy Graham fue quizás el predicador evangélico más conocido de su generación. Sus campañas de evangelización le dieron la vuelta al mundo. Para Graham el propósito del sermón es proclamar el evangelio tal y como este fue proclamado en el libro de los Hechos de los Apóstoles. Entiende que la Biblia es la Palabra de Dios y, como tal, es la fuente principal de autoridad espiritual. La Biblia ha sido verbalmente inspirada por Dios, lo que garantiza su valor y su autoridad. Jesús es el salvador que necesita la humanidad pecadora. El pecado es un estado de rebelión contra Dios. En este sentido, la necesidad básica de la sociedad contemporánea es la misma que las de todas las sociedades que han existido a través de la historia del mundo: la salvación. La oración es la herramienta principal para elaborar el sermón, dado que Dios revela su voluntad a través de la oración. Este sistema prefiere los acercamientos deductivos tanto a la predicación como a la teología. La meta de la predicación es cambiar al individuo, pues la sociedad solo cambiará cuando el número de creyentes comprometidos sea mayor que el de las personas que aún necesitan salvación.

B. El campo católico

Las teologías de la predicación producidas por eruditos católicos también comparten ciertas características. Por regla general, recalcan la constante presencia de Dios en el mundo, es decir, la inmanencia. Afirman que la Biblia es una fuente de la predicación, pero que la naturaleza, la razón y la experiencia también son importantes medios de revelación divina. En cierto sentido, las teologías católicas ven las Sagradas Escrituras como parte de la tradición de la Iglesia. Aunque dan un lugar primordial a la figura de Jesucristo, tienden a ser teocéntricas. Recalcan que la humanidad refleja la imagen de Dios y, por lo tanto, puede actuar de manera responsable en términos éticos y morales.

Aunque no entraremos en tantos detalles como en la sección anterior, debo resaltar las contribuciones de Karl Rahner y Schillebeeckx.[2]

1. Rahner: Para Rahner el sermón tiene el propósito de resaltar la continuidad entre la creación y la redención, ayudando a la congregación a experimentar la gracia de Dios aun en medio del sufrimiento y la desesperación. El sermón nos ayuda a identificar dónde la gracia de Dios está actuando en nuestro mundo hoy. Aunque el ser humano es pecador, el pecado no puede eliminar la imagen de Dios que le fue dada en la creación. Jesús es la palabra de Dios encarnada, y la Iglesia, que es su cuerpo, comunica su gracia. La palabra predicada es un «sacramento de amor» que comunica la revelación, llevándonos a un entendimiento más profundo de la realidad.
2. Schillebeeckx: Para Schillebeeckx el sermón tiene el propósito de transformar la forma como vivimos y como entendemos el mundo. La imagen central de su teología es la historia. La revelación ocurre en la historia humana y a través de ella, dado que la experiencia humana tiene

---

[2] En esta sección, seguimos el libro *Naming Grace: Preaching and the Sacramental Imagination* (Bautismo de gracia: la prédica y la imaginación sacrametal), Continuum (1997) escrito por Mary Catherine Hilkert.

una estructura narrativa. Encontramos a Dios principalmente por medio de las experiencias de sufrimiento, debido a que Él se identifica con aquellas personas que están en el reverso de la historia. Además, la proclamación del evangelio no solo ocurre a través de palabras, sino también a través del discipulado cristiano en el contexto de la comunidad de fe.

Todas estas teologías de la predicación tienen sus virtudes. Sin embargo, nuestros pueblos necesitan desarrollar una teología de la predicación que sea congruente con nuestro método teológico y con nuestra hermenéutica. Pasemos, pues, a considerar la contribución de varios eruditos a la teología de la predicación.

III. Teologías hispanoamericanas de la predicación

A partir de la década del 1970, el mundo teológico vio el nacimiento de varias teologías contextuales. Influenciadas por la teología de correlación de Tillich y por la teología de la acción en Francia, estas teologías contextuales tomaron las realidades de sus propios contextos como el punto de partida de su reflexión teológica. Además, influenciadas por el marxismo, estas teologías contextuales afirmaban la necesidad de desarrollar una «praxis», es decir, de desarrollar acciones que fomentaran el cambio social. En distintos lugares del mundo, han surgido teologías contextuales que prestan atención a diferentes comunidades afectadas por males sociales, tales como la pobreza, la explotación económica, el racismo, el sexismo y la contaminación del ambiente, entre otros.

Entre los teólogos latinoamericanos que han escrito sobre la teología de la predicación, se destacan Leonardo Boff y Emilio Castro.

1. Boff: Este importante teólogo católico escribió un ensayo titulado «¿Cómo predicar la cruz en una sociedad de crucificados?».[3] Boff juega con los distintos niveles de sentido de conceptos como la cruz y la muerte. Afirma que predicar la cruz «significa predicar la asunción de nuestra propia existencia mortal sin amargura».[4] Jesús, al asumir nuestra humanidad rota, tiene «un lazo de solidaridad con nuestras angustias».[5] La muerte expone la realidad del pecado, tanto a nivel personal como social.[6] El pecado se revela como una fuerza histórica, manifestada en las «mil y una cruces que unos hombres disponen para otros hombres».[7] Predicar la cruz es, pues, anunciar el juicio de Dios que desenmascara la hegemonía de las clases dominantes que usa el estado para reprimir al pueblo pobre.[8] Quienes predican este mensaje liberador deben estar dispuestos a sacrificar sus vidas, ya que el imperio de la muerte tratará de destruir a toda persona que trate de «arrancar la cruz de las espaldas de los crucificados y limitar el imperio de la muerte».[9] Para comprender el sentido de la cruz, hay que asumirla «por amor y solidaridad con los crucificados de la historia».[10]
2. Castro: Emilio Castro publicó una colección de sermones titulada *Las preguntas de Dios: La predicación evangélica en América Latina*.[11] El libro tiene una larga

---

[3] Leonardo Boff (1986): *Teología desde el lugar del pobre*, Santander, España, Editorial Sal Terrae, pp. 117-135.
[4] Ibíd., p. 119.
[5] Ibíd., p. 121.
[6] Ibíd., p. 122.
[7] Ibíd., p. 123.
[8] Ibíd., pp. 124-125.
[9] Ibíd., p. 127.
[10] Ibíd., p. 132.
[11] Emilio Castro (2004): *Las preguntas de Dios: La predicación evangélica en América Latina*, Buenos Aires, Argentina, Ediciones Kairós.

introducción donde Castro expone importantes ideas sobre la teología de la predicación. Afirma que en el sermón se conjugan el pasado y el presente, pues la predicación interpreta lo que está sucediendo en la vida del pueblo haciendo referencia a las acciones de Dios en el pasado, particularmente en la historia del pueblo de Israel.[12] Jesús es el modelo para las personas que predican hoy, pues es aquel que vive los problemas de la gente, que escucha sus cuitas y esperanzas, y anuncia el mensaje liberador del reino que vive, el reino de Dios, de la justicia de Dios.[13] Castro afirma que este mensaje liberador es «normativo» para la fe cristiana.[14] Partiendo de la situación real del pueblo, la persona que es liberada por el mensaje evangélico ha de convertirse en un agente de liberación para los demás.[15]

La reflexión teológica latinoamericana no solo fue una de las primeras teologías contextuales, sino que ha sido una de las más influyentes. En los Estados Unidos, las comunidades de habla hispana también estamos desarrollando una teología contextual, conocida como la «Teología Hispana». Al igual que la teología latinoamericana, la Teología Hispana propone una metodología que busca la transformación de la dolorosa realidad que vive nuestro pueblo. La meta de una teología que parte del sufrimiento y la opresión es la liberación y la autodeterminación. Desde este punto de vista, la penosa situación de nuestros pueblos nos llama a desarrollar una teología de la predicación que, desde una perspectiva liberadora, afirme la victoria de la vida en su lucha contra las fuerzas de la muerte.

---

[12] Ibíd., p. 11.
[13] Ibíd., p. 13.
[14] Ibíd., p. 22.
[15] Ibíd., p. 27.

En una teología de la predicación liberadora, el propósito de la predicación es escuchar la palabra de Dios en medio de una comunidad que lucha diariamente por sobrevivir. El sermón es reflexión sobre una práctica de la fe que busca la liberación de nuestro pueblo. La salvación es liberación del pecado, que se manifiesta tanto en la conducta personal como en estructuras humanas que se dedican a oprimir y a destruir la humanidad. Dios, por medio de su encarnación en la persona histórica de Jesús de Nazaret, se ha identificado con el sufrimiento de la humanidad, en general, y de nuestros pueblos en particular. La Biblia es vista como un texto eminentemente liberador, donde encontramos historias sobre la intervención de Dios en situaciones sociales de sufrimiento parecidas a las que padecen nuestras comunidades.

A continuación examinaremos la contribución de varios autores hispanoamericanos a la teología de la predicación. En particular, consideraremos los escritos de Ángel Mergal, Orlando E. Costas, Osvaldo Mottesi y Justo L. González.

1. Mergal: Ángel Mergal fue un teólogo puertorriqueño, quien enseñaba tanto idiomas bíblicos, como homilética y consejo pastoral. Escribió un hermoso libro titulado *Arte cristiano de la predicación*,[16] publicado en 1951. Mergal ve el sermón como una obra de arte, como un discurso que emplea lenguaje artístico-religioso. El propósito de este tipo de lenguaje es transmitir la «verdad religiosa».[17] La tarea principal de la persona que predica es comprender este tipo de lenguaje y usarlo con sabiduría para dar testimonio de Jesús.[18]

2. Costas: La contribución de Orlando E. Costas al campo de la homilética se divide en dos tiempos. Su libro más

---

[16] Ángel M. Mergal (1951): *Arte cristiano de la predicación*, San Juan, PR, Comité de Literatura de la Asociación de Iglesias Evangélicas de Puerto Rico.

[17] Ibíd., p. 23.

[18] Ibíd., p. 37.

popular, titulado *Comunicación por medio de la predicación*, sale a la luz en 1973.[19] En dicho libro, Costas presenta un visión bastante tradicional de la predicación, desarrollada en diálogo con la teología de Barth. Afirma que la predicación es «verdaderamente palabra de Dios» porque Dios habla «a través del predicador».[20] El objetivo final de la predicación es, pues, llevar al pueblo al conocimiento de Dios. Ahora bien, su libro más influyente sobre el tema se titula *Predicación evangélica y teología hispana*, publicado en 1982. Este volumen recoge ponencias presentadas en un encuentro teológico celebrado en los Estados Unidos. Aquí Costas expresa su deseo de desarrollar una «teología criolla»,[21] que hable a la realidad del pueblo hispano que vive permanentemente en los Estados Unidos. Costas recalca su visión alta de la teología de predicación, como la plena manifestación de la palabra divina a través del sermón. Sin embargo, en este tomo acentúa la importancia de pensar la fe de manera contextual, en diálogo con la realidad del pueblo.

3. Mottesi: *Predicación y misión: Una perspectiva pastoral*[22] avanza sobre el tema de la teología de la predicación. En él, Osvaldo L. Mottesi da por sentado que la teología debe tener un marcado sabor contextual. Afirma que predicar es «satisfacer necesidades humanas».[23] La meta de la predicación es conducir al ser humano a la reconciliación con Dios. Además, afirma que la persona que

---

[19] Orlando E. Costas (1973): *Comunicación por medio de la predicación*, Miami, EE. UU., Editorial Caribe.

[20] Ibíd., p. 23.

[21] Orlando E. Costas, editor (1982): *Predicación evangélica y teología hispana*, Miami, EE. UU., Editorial Caribe, p. 7.

[22] Osvaldo L. Mottesi (1989): *Predicación y misión: Una perspectiva pastoral*, Miami, EE. UU., Editorial Logoi.

[23] Ibíd., p. 45.

predica debe ofrecer cuidado pastoral a la congregación por medio de la predicación.[24]

4. Arrastía: El decano de los predicadores hispanoamericanos, Cecilio Arrastía, escribió dos obras importantes sobre la teología de la predicación. La primera es su artículo titulado «Teología para predicadores»,[25] donde discute la naturaleza teológica del sermón. Arrastía afirma que el sermón y la teología son inseparables, dado que la teología es la interpretación de lo que Dios hace por la humanidad.[26] También afirma la tensión que existe entre el sermón como palabra de Dios y como palabra humana.[27] El sermón evangelístico llama al ser humano a reconocer el señorío y la proximidad de Dios.[28] La predicación se dirige al problema principal de la humanidad, el cual no es político o sociológico, sino de carácter teológico.[29] A fin de cuentas, la predicación proclama la paz y la esperanza, anunciando el shalom de Dios para la humanidad.[30] Su segundo escrito sobre el tema es *Teoría y práctica de la predicación*,[31] donde Arrastía plasma sus ideas más profundas sobre el tema. Allí afirma que todo sermón debe tener un carácter trinitario, donde se integren la obra de Dios, con la de Jesucristo y la del Espíritu Santo: «En todo sermón deben estar presentes la encarnación, la crucifixión y la resurrección».[32] Claro

---

[24] Ibíd., p. 51.
[25] Cecilio Arrastía: «Teología para predicadores» *Pastoralia* 4:9 (diciembre 1982): pp. 47-59.
[26] Ibíd., p. 47.
[27] Ibíd., p. 49.
[28] Ibíd., p. 51.
[29] Ibíd., p. 58.
[30] Ibíd.
[31] Cecilio Arrastía (1978): *Teoría y práctica de la predicación*, Miami, EE. UU., Editorial Caribe.
[32] Ibíd., p. 34.

está, Arrastía no implica que haya que mencionar estos eventos explícitamente en cada sermón. Por el contrario, él dice: «Nuestro pueblo hispano, al norte y al sur, necesita este tipo de predicación afirmativa, «en victoria»; no a base de falsas promesas de un Reino sin dolores, sino uniendo la historia (encarnación) con todas sus angustias (crucifixión) con la seguridad innegable de victoria (resurrección)».[33]

5. González: Justo L. González ha sido el gran ideólogo protestante de la Teología Hispana en los Estados Unidos. Su contribución es triple, pues aparte de escribir ensayos y libros sobre el tema, ha fomentado la publicación de materiales teológicos por otras personas hispanas y ha sido instrumental en el desarrollo de organizaciones dedicadas a promover la educación teológica del pueblo latino en los Estados Unidos. Su contribución al campo de la homilética es múltiple.

Comenzó con la publicación de *Liberation Preaching*, libro que después de revisado circula con el nombre *The Liberating Pulpit*. Allí Justo y su esposa Catherine afirman el carácter contextual de la predicación, ofreciendo ejemplos desde sus respectivos contextos: Catherine como mujer y Justo como hispano. Recientemente, Justo dedicó todo un capítulo de nuestro libro *Manual de homilética hispana: Teoría y práctica desde la diáspora*[34] al tema de la teología de la predicación. El capítulo titulado «La teología y el púlpito hispano» comienza hablando del carácter contextual de la predicación. González continúa afirmando que la doctrina central de la fe cristiana es la encarnación, doctrina que nos obliga a «encarnar» todos nuestros

---

[33] Ibíd., p. 36.

[34] Pablo A. Jiménez y Justo L. González (2006): *Manual de homilética hispana: Teoría y práctica desde la diáspora* Barcelona, España, Editorial CLIE.

esfuerzos teológicos en la realidad que vive nuestro pueblo.[35] La encarnación lleva necesariamente a la diversidad, pues cada pueblo y cultura hace teología desde su propio contexto.[36] En el caso del pueblo hispano, la teología debe ser «nuestra», pues se relaciona directamente con la realidad hispana.[37] También debe ser una teología de afirmación, ya que debe proclamar la dignidad del pueblo hispano.[38] Además, debe ser una teología de solidaridad, que trascienda el individualismo que caracteriza la teología evangélica tradicional y afirme la oferta de salvación para toda la humanidad.[39] Finalmente, debe ser una teología de «subversión escatológica», que afirme la victoria final del pueblo sobre los sufrimientos que lo aquejan.[40]

González nos recuerda la importancia de la cultura y del idioma, que mediatizan la interpretación bíblica y teológica.[41] El capítulo concluye examinando temas que se deben tratar desde una perspectiva teológica en el púlpito hispano, tales como la economía, la inmigración, el exilio y la identidad.[42]

IV. Grandes temas para la predicación hispanoamericana

Por nuestra parte, he expuesto varias ideas sobre la teología de la predicación en la primera parte del libro *Principios de Predicación*. Allí dedico dos capítulos a explorar la paradoja expresada por Arrastía: la predicación es, a la misma vez,

---

[35] Ibíd., p. 37.
[36] Ibíd., pp. 37-38.
[37] Ibíd., pp. 38-39.
[38] Ibíd., pp. 39-42.
[39] Ibíd., pp. 42-44.
[40] Ibíd., pp. 44-46.
[41] Ibíd., pp. 46-49.
[42] Ibíd., pp. 49-58.

palabra de Dios y palabra humana. Deseando desarrollar una teología liberadora de la predicación, defino la predicación como la interpretación teológica de la vida en el contexto del culto cristiano. Dicha interpretación busca transformar las situaciones de sufrimiento que vive la humanidad, afirmando la esperanza de liberación.

La pregunta que resta es: ¿Cuáles deben ser los grandes temas que debe tratar esta teología liberadora de la predicación? Mi respuesta es sencilla. Propongo que una teología de la predicación que busca la transformación de la realidad opresiva ha de tocar los lugares teológicos tradicionales. Sí, los grandes temas teológicos a comienzos del siglo XXI son los mismos temas tradicionales. Lo que ha cambiado son las razones por las cuales debemos tratar dichos temas. Sí, hay que predicar los mismos temas viejos, pero por razones y con énfasis distintos.

A continuación consideraremos brevemente algunos de estos grandes temas.

1. La doctrina de Dios: El tema central de la predicación continúa siendo la proclamación de la persona y el carácter de Dios. Anunciamos al único y verdadero Dios, que desea salvar a la humanidad perdida. Lo anunciamos porque vivimos en un mundo idólatra, donde el mercado globalizado se ha convertido en un ídolo que nos aleja de la fe verdadera. En nombre del proyecto económico neoliberal, el mercado globalizado sacrifica seres humanos diariamente, afirmando que su sufrimiento es el «costo social» necesario para lograr el progreso. El «costo social» es el precio que pagará un sector de la sociedad en sufrimiento y dolor humano para asegurar el bienestar económico de otros sectores. Debe quedar claro que el Dios de Jesucristo no desea sacrificios humanos, sino que desea dar vida abundante a la humanidad.

2. La persona de Jesucristo: Otro puntal de la proclamación evangélica es la persona de nuestro Señor Jesucristo. La iglesia hispanoamericana tiene que proclamar la acción de Dios en Cristo, particularmente su encarnación. La fe cristiana afirma que Dios se hizo ser humano en la persona histórica de Jesús de Nazaret. Eso quiere decir que Dios se encarnó no solo en una persona sino también en una cultura. Por lo tanto, la doctrina de la encarnación da validez tanto a nuestra cultura en particular como al resto de las culturas del mundo. Si trabajamos con las comunidades pobres y marginadas, es porque en Cristo Dios se hizo pobre y marginado. Esta visión de Jesús contrasta con las imágenes del «Jesucristo Superestrella» que nos venden los medios de comunicación masiva.

En un mundo donde todo se compra y se vende, el «Jesucristo Superestrella» es otra celebridad que nos vende libros, música, ropa, joyería y hasta películas de Hollywood. Debemos rechazar a este falso cristo, y junto con él debemos rechazar la cultura de la celebridad que nos convierte en *voyeurs* de las personas famosas que nos venden los productos producidos por el mercado global.

3. La obra del Espíritu Santo: El Espíritu Santo es el nombre que le damos a la acción de Dios en el mundo actual. El Espíritu Santo es parte de la Trinidad y, por lo tanto, es Dios mismo. Hay varias razones que nos llevan a hablar de la obra, los dones y los frutos del Espíritu Santo. Primero, predicamos sobre el Espíritu Santo porque el mundo del siglo XXI es uno postcristiano, es decir, un mundo que cree haber superado la revelación y la práctica de la fe cristiana. Como resultado, la gente vive como si Dios no existiera o como si hubiera muerto. La doctrina del Espíritu Santo nos recuerda que Dios continúa activo en nuestro mundo. Segundo, predicamos sobre el

Espíritu Santo porque nuestro pueblo es continuamente menospreciado. Nos consideran pobres, débiles y hasta inútiles. Gracias damos a Dios por su Espíritu Santo, quien nos sostiene y nos defiende, dándonos dones y capacitándonos para vivir con provecho.

4. La denuncia del pecado: Otro tema pertinente es la denuncia del pecado. La sociedad postcristiana ha perdido todo concepto del pecado. De hecho, la palabra «pecado» está cayendo en desuso, pues cada vez más se usa como sinónimo de «sexo» o como una promesa de placer. Sin embargo, en realidad el pecado es una manifestación del poder de las fuerzas de la muerte que nos conducen a rebelarnos contra el Dios verdadero. La predicación cristiana debe, pues, denunciar el pecado tanto a nivel personal como a nivel estructural.

5. La oferta de salvación: La función principal de la predicación es anunciar la buena noticia de que Dios desea salvar a la humanidad perdida por medio de la obra salvífica de Jesucristo en el poder del Espíritu Santo. Es necesario proclamar la oferta de salvación porque la humanidad vive perdida sirviendo a ídolos, adorando celebridades, pensando que Dios no existe y dudando de la existencia del pecado. El mundo necesita salvación de todas estas influencias malignas, que lo separan de Dios. Del mismo modo, el mundo necesita salvación para aprender a vivir con provecho, es decir, a vivir en comunión con Dios.

6. El llamado a la santidad: La santificación es parte integral del proceso de salvación. Proclamamos que Dios nos llama a la santidad tanto personal como social. El anuncio de la santidad personal es necesario porque vivimos en un mundo donde el hedonismo, la búsqueda del placer y la ambición de prosperidad corroen nuestras almas. El anuncio de la santidad social es necesario porque vivimos

en un mundo donde nuestras comunidades sufren las consecuencias del pecado estructural. Cuando una iglesia local actúa en bien de la comunidad, esta manifiesta la santidad social a la cual Dios la ha llamado.

7. La Iglesia como avance del reino: La Iglesia es una comunidad creada por la proclamación de la palabra de Dios. Es una comunidad alternativa que trata de vivir de acuerdo a los valores del reino de Dios, según este se revela en las obras y en las enseñanzas de Jesús. Dios quiere crear una sociedad más justa, donde hombres y mujeres vivan libres del sexismo, del racismo y de la discriminación racial. La Iglesia está llamada a hacer avanzar ese reino de justicia. Proclamar esta realidad teológica se hace particularmente necesario porque vemos que proliferan en nuestras sociedades los «no-lugares», espacios del anonimato donde una persona puede sentirse radicalmente sola a pesar de estar en medio de una multitud. Los taxis, los buses, los aviones, los hoteles y los centros comerciales son espacios donde se minimiza el contacto entre los seres humanos. La Iglesia está llamada, pues, a ser un «lugar» verdadero en un mundo que ofrece tantos espacios falsos.

8. Los sacramentos: Los sacramentos son medios a través de los cuales el pueblo establece y renueva su pacto con Dios. El bautismo es la puerta de entrada a ese pacto. La Cena del Señor, también conocida como la Comunión o la Eucaristía, son medios a través de los cuales renovamos nuestro pacto con Dios. El pacto bautismal y su renovación constante por medio de la celebración eucarística nos recuerdan que el creyente tiene una nueva identidad. Por medio de la fe, ahora pasa a ser ciudadano del reino de Dios, ciudadano que debe vivir de acuerdo a los valores del reino encarnados en las enseñanzas y en la práctica de Jesús. Esta comunidad del reino es inclusiva,

ya que allí no hay diferencias étnicas, raciales, sociales o de género (véase Gá. 3:28).
9. **La unidad cristiana**: Dios nos llama a predicar la unidad del Cuerpo de Cristo. Este es un tema de importancia crucial, dado que nuestra práctica contradice nuestra teología. Mientras decimos que Jesucristo tiene una sola Iglesia en el mundo, seguimos creando nuevas denominaciones que falsean ese hecho. El sistema denominacional ha dividido y fragmentado el Cuerpo de Cristo.
10. **La segunda venida de Cristo**: Finalmente, debemos proclamar la segunda venida de Jesucristo. Debemos hacerlo porque en un mundo sin esperanza, las personas necesitan escuchar que Dios tiene deparado un futuro alterno para ellas. La escatología bíblica nos enseña que ese futuro viene, independientemente de nuestra actitud. En últimas cuentas, el futuro está fuera del control humano. Se acerca el día en que el reino de Dios se manifestará en todo su esplendor, y las fuerzas del mal, del pecado y de la muerte no podrán detener su llegada.

Como es notorio, las nuevas realidades que viven nuestros pueblos demandan que prediquemos los grandes temas con nuevos lentes.

V. Conclusión

Termino afirmando una vez más que esperamos la plena manifestación del reino de Dios. La Iglesia espera con ansiedad el momento en que se cumpla la profecía de Apocalipsis 21:4: «Enjugará Dios toda lágrima de los ojos de ellos; y ya no habrá más muerte, no habrá más llanto ni clamor ni dolor, porque las primeras cosas pasaron». Que así sea. Amén.

CAPÍTULO 6

Hermenéutica y predicación

Una de mis historias bíblicas favoritas es la parábola del Buen Samaritano (Lc. 10:25-37). Me parece ver al hombre tirado en el camino y a los religiosos que siguen de largo por temor a contaminarse, ya que lo daban por muerto, y la Ley establecía que quien tocara un cadáver quedaba inmundo (Lv. 21:1-4 y Nm. 19:11-13). Después de los religiosos, entra en escena un samaritano. Como sabemos, los samaritanos eran rechazados por ser producto del mestizaje entre habitantes de Israel y personas extranjeras. El samaritano —quien tenía razones históricas y sociales para rechazar al judío herido— es quien tiene misericordia de él, cura sus heridas, lo coloca en su cabalgadura y lo lleva a un mesón.

Ahora bien, ¿qué tiene que ver esta narración con la enseñanza y la práctica de la predicación en nuestro contexto latino e hispanoamericano? La comparación es clara. Por muchos años, la predicación ha sido «samaritana» en el currículo de los institutos y los seminarios que preparan hombres y mujeres para la tarea de interpretar el evangelio hoy. El estudio de esta disciplina se ha quedado rezagado. Mientras podemos encontrar muchos libros nuevos sobre temas tanto bíblicos como teológicos, son pocos los títulos dedicados a explicar cómo traducir y presentar los nuevos hallazgos por medio de la predicación. Aún más, por regla general los materiales nuevos presentan enfoques y metodologías que no difieren mucho de los manuales tradicionales. Por esta razón, no son pocas las escuelas que todavía prefieren como textos de homilética algunos libros escritos hace más de cien años.[1]

Aun así, todos los candidatos al ministerio aspiran a ser buenos predicadores. No hay una sola estudiante de instituto o de seminario que no sueñe con exponer la Palabra de Dios con demostración del Espíritu y de poder (1 Co. 2:4). Sin embargo, al llegar al salón de clases, sus aspiraciones se ven pronto tronchadas. La mayor parte de los manuales de homilética disponibles en español fueron escritos en un contexto y para un público muy distinto al nuestro. Por eso presentan métodos de preparación sermonaria que no se adaptan a nuestro contexto hispano.

Por ejemplo, el método propuesto por James D. Crane requiere más de doce horas de preparación para un solo sermón. De hecho, sugiere que el predicador aparte dos horas ¡solo para el repaso de sus notas homiléticas![2] Eso puede ser muy adecuado para un pastor cuya iglesia se reúne solo los domingos en la mañana, no para una pastora que deba preparar semanalmente dos sermones y un estudio bíblico.

Del mismo modo, estos textos de predicación enseñan a diseñar todos los sermones de la misma manera. No importa si se parte de un salmo, de una epístola o de un episodio de la vida de Jesús, el sermón debe tener un tema o proposición,

---

[1] Algunas escuelas teológicas usan los manuales de C. H. Spurgeon (1950): *Discursos a mis estudiantes*, El Paso, EE. UU., Casa Bautista de Publicaciones; y Juan A. Broadus (1925): *Tratado sobre la predicación*, El Paso, EE. UU., Casa Bautista de Publicaciones. El libro de Spurgeon fue publicado originalmente en 1875 y el de Broadus en 1898.

[2] Crane resume su sistema en la p. 220 de su libro *El sermón eficaz*, El Paso, EE. UU., Casa Bautista de Publicaciones (1961).

preferiblemente tres puntos y varias subdivisiones ordenadas de acuerdo a los «procesos retóricos».[3] Tal pareciera que la forma del texto bíblico no tuviera nada que ver con su mensaje. Ante esta deficiencia en la enseñanza del arte de la predicación, el ministerio latino e hispanoamericano ha desarrollado su propio estilo de predicación. Algunas de las características que encontramos en la predicación popular hispana son las siguientes:

1. La centralidad de las Escrituras: En nuestro contexto, la predicación es, sobre todas las cosas, exposición de las Sagradas Escrituras. La congregación espera que el predicador parta de un texto bíblico, aun cuando el sermón no sea expositivo, sino temático o doctrinal. Del mismo modo, espera que la predicadora salpique su sermón de citas directas, frases y alusiones a otras partes de la Biblia.

2. El abandono del sermón tradicional: Gran parte de los predicadores hispanoamericanos han dejado atrás el sermón tradicional y han optado por emplear formas extemporáneas de predicación. Es decir, no siguen reglas de oratoria para desarrollar su presentación, sino que predican con un breve bosquejo y aun sin bosquejo alguno. Esto a veces resulta en sermones que hilvanan textos bíblicos sin estudiarlos detenidamente; es como si la persona que predica los hubiera tomado directamente de una concordancia.

---

[3] Este sistema es el modelo homilético racionalista. A pesar de su antigüedad —pues los tres puntos se remontan a la retórica grecorromana y a los trabajos de san Agustín—, este sistema ha llegado a Hispanoamérica por medio de manuales ingleses y norteamericanos, tales como los de Spurgeon y Broadus. Los demás manuales de predicación publicados en América Latina, en su mayoría, siguen el mismo modelo. Entre estos podemos contar el de James D. Crane y el de Orlando Costas (1973): *Comunicación por medio de la predicación*, San José, Costa Rica, Editorial Caribe. Debemos mencionar que Cecilio Arrastía se aparta un tanto del modelo tradicional en *Teoría y práctica de la predicación*, Miami, EE. UU., Editorial Caribe (1992).

3. El uso de la narración: El púlpito latinoamericano se distingue por el uso de la predicación narrativa. Muchos predicadores latinos —sobre todo aquellos que no tienen preparación teológica formal— prefieren narrar en sus sermones una o más de las historias de la Biblia. Los sermones narrativos son accesibles a todo el mundo y también son muy efectivos para la evangelización.
4. El aspecto oral de la predicación: Todo esto recalca el carácter oral del sermón. Nuestras iglesias tienden a mirar con malos ojos a los predicadores que leen sus sermones. Del mismo modo, valoran a quienes mantienen buen contacto visual. En otras palabras, en nuestro contexto, el sermón no es el escrito, sino la presentación oral.
5. La búsqueda de una comunicación directa con el pueblo: La meta de la predicación latina e hispanoamericana es involucrar de tal manera a la congregación en la exposición del mensaje que cada persona tenga una experiencia de fe. Por esta razón, es común que, durante el sermón, algunos miembros de nuestras iglesias digan a viva voz frases o expresiones que afirmen el mensaje. En este sentido, se ve la predicación como un evento por medio del cual se experimenta la presencia de Dios. Cada una de estas características tiene sus peligros. Algunos predicadores tratan de explicar textos que no entienden; otros, al abandonar el bosquejo tradicional, predican sermones que carecen de orden y coherencia. El énfasis en la narración ha producido el sermón de «testimonios», donde una persona cuenta la historia de su vida.

Finalmente, hay quien —al predicar sin notas— desarrolla sermones pobres que lo obligan a depender de la pura emoción para comunicarse con la congregación. Estos excesos son motivo de riña entre estudiantes de la homilética tradicional y exponentes de la predicación en nuestro contexto. De ahí que las personas que han estudiado acusan a las demás de no saber predicar, y las que no tienen entrenamiento teológico formal postulan que no necesitan homilética, sino oración y ayuno. Creo que ha llegado el momento de trascender esta controversia. Tanto la homilética tradicional como la predicación popular tienen puntos positivos que debemos afirmar y peligros que debemos evitar. Lo que es más, al tomar en cuenta los avances en el campo de la interpretación bíblica y la predicación, vemos que la predicación latina e hispanoamericana tiene un gran potencial de desarrollo. Una vez más, el menospreciado «samaritano» puede darnos una gran lección.

En este ensayo, nos acercaremos al tema de la siguiente manera. En primer lugar, indicaré algunos de los cambios más importantes que han ocurrido en el quehacer teológico durante las últimas décadas. Segundo, exploraremos algunos avances en el campo de la hermenéutica —el arte de la interpretación bíblica— y veremos el impacto que han tenido estos cambios en el estudio de la predicación. Finalmente, señalaré algunos apuntes para el desarrollo de una homilética que respondan a las necesidades y a la idiosincrasia de nuestro pueblo.

I. Cambios en el ambiente teológico

Durante la primera parte del siglo XX, la teología se entendía de dos maneras distintas, pero complementarias. En primer lugar, la teología se refería al cuerpo de creencias, doctrinas y confesiones de fe producidas y endosadas por las distintas denominaciones cristianas. En este sentido, la teología protestante se encontraba plasmada en documentos, tales como la Confesión de Westminster, la Confesión de Ausburgo, etc.

Segundo, la teología estaba asociada a personalidades del mundo religioso europeo. Por un lado, Lutero, Calvino y Wesley eran las figuras del pasado que definían las líneas teológicas que diferenciaban a las iglesias luteranas, reformadas y metodistas. Por otro lado, teólogos alemanes dominaron el mundo académico de la primera mitad del siglo.[4] Los escritos de Karl Barth, Rudolf Bultmann y Paul Tillich generaron escuelas teológicas muy influyentes. Del mismo modo, otras personalidades del mundo teológico alemán —como Hermmann Gunkel, Gerhard von Rad y Dietrich Bonhoeffer— produjeron importantes escritos cuya influencia trascendió fronteras.

Sin embargo, la hegemonía europea llegó a su fin a mediados de la década de los sesenta. Esto se debió a dos razones principales. Primero, el método teológico alemán, siguiendo las pautas de la modernidad,[5] se caracterizaba por su racionalismo. En su esfuerzo de convertir el estudio de la fe en una ciencia, los eruditos alemanes aplicaron a la fe criterios racionalistas que pusieron en tela de juicio el aspecto sobrenatural de esta. Por ejemplo, Bultmann afirmaba que el mensaje del evangelio estaba envuelto en lenguaje mítico, y por lo tanto, el intérprete debía despojar el texto bíblico de todo aquello que fuera «criatural».[6] Posiciones como esta llevaron a los europeos a un callejón sin salida. No comprendieron que es imposible separar la forma del contenido de las cosas, y que, por lo tanto, al echar a un lado la forma de los textos bíblicos, estaban descartando aspectos importantes del mensaje evangélico. Del mismo modo, al rechazar lo sobrenatural —que por definición no se puede probar por el método científico— tanto los milagros como la resurrección

---

[4] Para una discusión introductoria a la teología protestante europea de la primera mitad del siglo, véase el capítulo IV de la obra de Justo L. González *Una historia ilustrada del cristianismo: La era inconclusa*, tomo 10, Miami, EE. UU., Editorial Caribe (1988); para una discusión a fondo de la teología moderna y contemporánea, *Historia del Pensamiento Cristiano*, tomo 3, Miami, EE. UU., Editorial Caribe (1993).

[5] De acuerdo a Jean-François Lyotard (1984): *The Postmodern Condition: A Report on Knowledge* (La condición postmoderna: un informe sobre conocimiento), Minneapolis, EE. UU., University of Minnesota Press, p. XXIII, podemos catalogar de «moderna» toda ciencia que se legitima a base de argumentos racionalistas.

[6] Para una introducción al pensamiento de Rudolf Bultmann véase *Jesucristo y mitología*, Barcelona, España, Editorial Ariel (1970); y *New Testament and Mythology: And Other Basic Writings* (Nuevo Testamento y Mitología: y otros escritos básicos), Philadelphia, EE. UU., Fortress Press (1984).

de Jesús quedaban en duda. Todo esto llevó al desarrollo de la teología de la muerte de Dios y marcó el comienzo de una era postcristiana en el continente europeo.

En segundo lugar, los años sesenta marcaron el comienzo de un cambio en el público dedicado a la tarea de hacer teología y de interpretar la Biblia. Hasta ese momento, la teología era una tarea llevada a cabo principalmente por hombres angloeuropeos blancos de clases acomodadas. Esto ha cambiado radicalmente. Hoy muchas mujeres se dedican al quehacer teológico. Del mismo modo, se han desarrollado teologías étnicas que reflejan la diversidad del pueblo de Dios sobre la faz de la tierra. Por último, se han desarrollado teologías que toman en serio el problema de la pobreza, los derechos humanos y la contaminación del ambiente.

En una palabra, la teología —que antes era vista como un bloque monolítico— se ha fragmentado.[7] Encontramos teologías del proceso, narrativas, evangélicas, fundamentalistas, de liberación, feministas, afroamericanas, africanas, asiáticas, etc. Ya no es posible enseñar una clase de teología bíblica y sistemática con un solo texto.

Ahora tenemos que emplear varios libros para siquiera atisbar el vasto mundo de la teología contemporánea.[8] Por nuestra parte, las comunidades cristianas latinas e hispanoamericanas no se han quedado atrás. En América Latina y el Caribe se han desarrollado teologías que intentan tomar en serio la condición de nuestro pueblo, llamando a la justicia y a la

---

[7] Para una introducción a la teología contemporánea, véase el libro de Lonnie D. Kliever (1981): *The Shattered Spectrum: A Survey of Contemporary Theology* (El espectro destrozado: un estudio sobre la teología contemporánea), Atlanta, EE. UU., John Knox Press.

[8] Susan Brooks Thistlewaite y Mary Potter Engel han editado una introducción a las teologías tercermundistas llamada *Lift Every Voice: Constructing Christian Theologies from the Underside* (Levanten todas las voces: teologías cristianas constructivas del tercer mundo), San Francisco, EE. UU., Harper (1990).

igualdad.⁹ En primer lugar, los sectores más avanzados de la Iglesia Católica han roto su silencio ante los males sociales latinoamericanos y han desarrollado tanto una práctica pastoral como una reflexión teológica que buscan conducir al pueblo al disfrute de la libertad.¹⁰ Segundo, sectores del protestantismo han desarrollado una teología liberadora que busca librar al pueblo latinoamericano de sus cadenas de opresión.¹¹ Tercero, sectores evangélicos también han tratado de desarrollar teologías que les lleven a una misión integral, atendiendo no solo los problemas espirituales sino las necesidades materiales del pueblo.¹² A pesar de las grandes diferencias ideológicas y de la sospecha que caracteriza la relación entre estas tres líneas de pensamiento latinoamericano, todas buscan desarrollar una teología contextual que mitigue el dolor de nuestro pueblo.

Del mismo modo, las comunidades latinas en los Estados Unidos están en el proceso de desarrollar una teología hispana que impacte tanto nuestro pueblo como la comunidad norteamericana en general. Al igual que la teología latinoamericana, la hispana tiene varias vertientes. Sin temor a equivocarnos, podemos identificar por lo menos cuatro variantes principales del pensamiento teológico latino: católica, protestante, pentecostal y feminista.

---

⁹ Samuel Silva Gotay ha escrito una magnífica introducción a la teología latinoamericana titulada *El pensamiento cristiano revolucionario en América Latina y el Caribe: Implicaciones de la teología de la liberación para la sociología de la religión*, San Juan, PR, Editorial Cordillera/ Ediciones Sígueme (1983).

¹⁰ Leonardo y Clodovis Boff han producido una sencilla introducción a la teología católica latinoamericana en *Cómo hacer teología de la liberación*, Madrid, España, Ediciones Paulinas (1986). Gustavo Gutiérrez escribió el libro clásico sobre el tema titulado *Teología de la liberación: Perspectivas*, Salamanca, España, Sígueme (1980).

¹¹ José Míguez Bonino produjo una excelente introducción al pensamiento protestante latinoamericano en *La fe en busca de eficacia*, Salamanca, España, Ediciones Sígueme (1977).

¹² Un buen ejemplo del pensamiento misionológico evangélico se encuentra en los escritos de Orlando Costas, *Compromiso y misión*, San José, Costa Rica, Editorial Caribe (1979); y *Evangelización contextual: Fundamentos teológicos y pastorales*, San José, Costa Rica, Editorial Sebila (1986).

Las comunidades católicas hispanas en los Estados Unidos están creciendo rápidamente. Esto ha estimulado el debate y la reflexión teológica en este sector.[13] La vertiente católica del pensamiento teológico hispano parte de los trabajos de Virgilio Elizondo, quien ha desarrollado su teología desde la perspectiva mexicano-americana.[14] La vertiente protestante se ha desarrollado a partir de los trabajos de teólogos como Justo L. González[15] y Orlando Costas.[16] Uno de los instrumentos claves en el desarrollo de esta vertiente ha sido la revista *Apuntes*, que por varios años ha sido un foro al servicio de la reflexión teológica latina.[17]

Dentro del ámbito protestante, encontramos una tercera vertiente dedicada al desarrollo de una teología hispana de corte pentecostal.[18] Esta vertiente pentecostal valoriza la religiosidad

---

[13] Para un análisis más detallado del mundo católico hispano véase el *National Catholic Reporter* (Informe católico nacional), vol. 28, n.° 37, 28 de agosto (1992), pp. 3-5.

[14] Virgilio Elizondo (1983): *Galilean Journey: The Mexican-American Promise* (Viaje galileo: la promesa mexicano-americana), Maryknoll, New York, EE. UU., Orbis.

[15] Justo L. González (1990): *Mañana: Christian Theology from a Hispanic Perspective* (Teología cristiana desde una perspectiva hispana), Nashville, EE. UU., Abingdon Press. Vea la traducción española, titulada *Teología liberadora: Enfoque desde la opresión en una tierra extraña*, Buenos Aires, Argentina, Ediciones Cairos (2006).

[16] Orlando Costas, «*Evangelism from the Periphery: A Galilean Model*» («Evangelismo desde la periferia: un modelo galileo»), *Apuntes*, 2:3, otoño 1982, pp. 51-59; y «*Evangelism from the Periphery: The Universality of Galilee*» («Evangelismo desde la periferia: la universalidad del galileo»), *Apuntes*, 2:4, invierno 1982, pp. 75-84. Justo L. González incluyó este último artículo en *Voces: Voices from the Hispanic Church* (Voces de la iglesia hispana), Nashville, EE. UU., Abingdon Press (1992), pp. 16-23.

[17] *Apuntes* es una publicación del programa mexicano-americano de *Perkins School of Theology* (Escuela de teología Perkins), en Dallas. Algunos de los mejores artículos publicados durante los primeros diez años de la revista (1981-1991) han sido editados por Justo L. González en *Voces*.

[18] Eldin Villafañe —ministro de las Asambleas de Dios y profesor de ética social— es un pionero en este campo. Su libro *The Liberating Spirit: Toward a Hispanic American Pentecostal Social Ethic* (La liberación del Espíritu: hacia una ética social pentecostal hispanoamericana), Lanham, Maryland, EE. UU., University Press of America (1992) ha marcado un hito en el pensamiento teológico pentecostal. Otro teólogo destacado en el campo hispano pentecostal es Samuel Solivián, ministro de las Asambleas de Dios y profesor de teología.

evangélica popular del pueblo latino y recalca la importancia del Espíritu Santo para el quehacer teológico hispano. Por último, la Teología Hispana también tiene una vertiente feminista dedicada a desarrollar una teología desde la mujer y para ella. La pionera en este campo es Ada María Isasi-Díaz, quien ha publicado varios artículos sobre el tema.[19] Debemos indicar que estas categorías no son exhaustivas y que el futuro seguramente traerá otras vertientes de pensamiento teológico hispano.[20]

No podemos exagerar la importancia de la fragmentación de la teología contemporánea. Esta refleja las pautas y los valores de la postmodernidad como una nueva etapa en la historia humana. La postmodernidad fomenta un espíritu crítico que nos lleva a sospechar de los argumentos puramente racionalistas y a afirmar que alcanzar la objetividad es prácticamente imposible, ya que todo análisis parte de un conjunto de supuestos. Del mismo modo, esta nueva manera de entender la realidad lleva a afirmar la importancia tanto de la sociedad como de

---

[19] Ada María Isasi-Díaz, «*Apuntes for a Hispanic Woman's Theology of Liberation*» («Apuntes para una teología de liberación de la mujer hispana»), *Apuntes* 6:3, otoño 1986, pp. 61-71, incluido por Justo L. González en *Voces*, pp. 24-31; «*Solidarity: Love of Neighbor in the 1980's*» («Solidaridad: el amor al prójimo en los ochentas») y «*The Bible and Mujerista Theology*» («La Biblia y la teología mujerista») en Thistlewaite y Engel: *Lift Every Voice* (Levantemos todas las voces), pp. 31-40 y 261-269; «*Mujerista Theology's Method: A Liberative Praxis, A Way of Life*» («El método de la teología mujerista: una práctica liberadora, una forma de vida»), *Listening* 27:1, invierno 1992, pp. 41-54. Además, junto a Yolanda Tarango (1988): *Hispanic Women: Profetic Voice of the Church* (Mujeres hispanas: una voz profética en la iglesia), San Francisco, EE. UU., Harper and Row.

[20] Prevemos el desarrollo de una teología caribeña, que integre la experiencia de la negritud a la reflexión teológica hispana. Esta teología proveería un correctivo para el pensamiento latino, que si bien ha trabajado el tema del mestizaje desde la perspectiva mexicano-americana, apenas ha tratado el tema de la mulatez caribeña. Del mismo modo, la teología hispana tendrá que entrar en diálogo con la reflexión teológica puertorriqueña. Aunque hay muchos ejemplos de colaboración, estos modelos teológicos difieren en un punto esencial. La teología hispana ve la comunidad latina como una minoría dentro de los Estados Unidos, mientras que la puertorriqueña, en su mayoría, afirma la identidad nacional boricua. Para entrar a la discusión de estos asuntos, véase el artículo de Luis R. Rivera Rodríguez: «Teología puertorriqueña y teología puertorriqueñista», Casabe 2, febrero 1990, pp. 5-7. Véase, además, el número titulado «Resistencia y sumisión: Entre la cruz y la espada la conquista del Caribe», Casabe 4, agosto 1992.

la naturaleza, valorizando el lenguaje poético y afirmando las historias de cada comunidad.

La era postmoderna presenta serios desafíos a la predicación.[21] ¿Cómo predicar en un mundo que sospecha de todo lo que pretende ser absoluto? ¿Cómo proclamar la Palabra a personas que creen que la verdad es relativa? ¿Cómo hacer una exposición válida del mensaje bíblico? ¿Dónde queda la autoridad de quien predica? En resumen, ¿cómo proclamar el evangelio a este nuevo mundo fragmentado? Contestar estas preguntas no es fácil. Sin embargo, me atrevo a afirmar que la clave para comunicar el evangelio hoy se encuentra en la manera como se define la tarea de la persona que predica. Los manuales tradicionales de homilética llevan a pensar que los hombres y las mujeres que predican deben ser «expertos», «teólogos residentes» en una iglesia para guiar por los caminos de la verdad. Esta imagen no cabe en el mundo postmoderno. El experto tiene claro tanto lo que sabe como lo que desconoce. El predicador no. La experta concluye; la predicadora pregunta.[22]

En este espíritu, pasaremos a considerar las implicaciones de la hermenéutica moderna para la predicación del evangelio hoy.

II. *Hermenéutica y predicación*

Como indicamos anteriormente, en los últimos años se ha desarrollado una actitud crítica hacia los modelos racionalistas del pasado. Esto ha producido cambios significativos en el

---

[21] Ronald J. Allen ha escrito una excelente introducción al tema en «*New Directions in Homiletics*» («Nuevas direcciones en homilética»), *Journal for Preachers* (Revista para predicadores), 16:3, Pascua 1993, pp. 20-26. Véase, además, el artículo de Arthur van Seters, «The Problematic of Preaching in the Third Millenium» («La problemática de la predicación en el tercer milenio»), *Interpretation* (Interpretación), 55:3, julio 1991, pp. 267-280.

[22] Esto es una paráfrasis de lo que Lyotard postula que debe ser la tarea del filósofo postmoderno en *The Postmodern Condition* (La condición postmoderna), p. xxv.

campo de los estudios bíblicos. A partir de la segunda parte del siglo XIX, los estudiosos de la Biblia en Europa comenzaron a examinar las Sagradas Escrituras haciendo uso de los criterios científicos y literarios de su época. Así nació el modelo de estudios histórico-críticos. Como indica su nombre, este modelo combina consideraciones históricas —como la historia de las religiones y el análisis del contexto histórico del texto— y consideraciones literarias. Al principio, el análisis literario se limitaba a la investigación textual. Sin embargo, poco a poco también han surgido otros acercamientos literarios al texto, tales como el estudio de las formas y de la redacción.

A partir de acercamientos racionalistas, el modelo histórico-crítico mostraba una actitud analítica hacia el texto. De este modo, desarrolló criterios para determinar la historicidad de los relatos bíblicos y las pautas hermenéuticas que ayudaban al intérprete a racionalizar los aspectos sobrenaturales del relato bíblico. Aun así, los comentarios escritos desde esta perspectiva contenían más reconstrucciones históricas que indicaciones útiles para la predicación y la enseñanza. Por esta razón, desde principios de los años setenta, varios expertos comenzaron a expresar dudas sobre los métodos histórico-críticos.[23]

Del mismo modo, comenzaron a surgir nuevos métodos para estudiar la Biblia, tales como el análisis retórico, el estructuralista, el sociológico y el materialista. La caída del modelo histórico-crítico implicó la debacle del modelo homilético racionalista. Durante los años sesenta, se desarrolló una actitud crítica hacia las escuelas tradicionales de predicación. El modelo racionalista era demasiado autoritario para sobrevivir la actitud de rebeldía hacia la autoridad que caracterizó esta

---

[23] Walter Wink proclamó la «bancarrota» del modelo histórico-crítico en su libro *The Bible in Human Transformation: Toward a New Paradigm for Biblical Study* (La Biblia en la transformación humana: hacia un nuevo paradigma para el estudio bíblico), Philadelphia, EE. UU., Fortress Press (1973).

década. Así surgieron llamados a sustituir el estilo usual de predicación por sermones dialogados, estudios bíblicos y aun por ratos de meditación. Esta crisis llegó a su punto culminante con la publicación del libro *As One Without Authority* de Fred B. Craddock.[24] Craddock diagnosticó con gran tino el mal que aqueja al modelo racionalista. El sermón tradicional sigue una lógica deductiva, es decir, parte de una idea central o «proposición» y expone las consecuencias de esta. Esto puede verse claramente en un ejemplo. Tomemos un texto tan dulce y hermoso como 1 Juan 4:7-8. Este pasaje puede morir a manos de alguien que —siguiendo el modelo tradicional— produzca un bosquejo como este:

Título: Las exigencias del amor
Proposición: El creyente debe vivir en amor.
Puntos para desarrollar:
1. Dios lo demanda.
2. El evangelio lo demanda.
3. El mundo lo demanda.

Como vemos, este sermón no es más que un largo regaño a la congregación. Parte de una «verdad» que la congregación debe aceptar sin dudar y luego expone sus consecuencias. En resumen, este tipo de sermón es un largo monólogo que recalca la autoridad del predicador; la congregación está limitada a asentir y a responder al mensaje presentado.

Craddock no solo diagnostica los males del sermón tradicional, sino que presenta una alternativa: el sermón inductivo. Este tipo de sermón explora varias alternativas hasta llegar a una conclusión. En este sentido, en vez de partir de una proposición que la congregación debe aceptar como verdad, el sermón inductivo pretende llegar a una conclusión que la

---

[24] Fred B. Craddock (1971): *As One Without Authority* (Como uno sin autoridad), Nashville, EE. UU., Abingdon Press.

congregación pueda reconocer como verdadera. Por esta razón, la predicación inductiva rechaza el bosquejo homilético tradicional y propone nuevas opciones como las siguientes:[25]

- El problema, la solución
- Lo que no es, lo que es
- Promesa, cumplimiento
- Ambigüedad, claridad
- Del presente, al pasado, al presente
- Esto o esto/Esto y esto

Estas son solo sugerencias, aunque personas expertas han producido complicados sistemas de predicación inductiva, como el de Eugene Lowry.[26] En realidad el sistema inductivo invita a que cada cual desarrolle su propio modelo. Lo importante de este método es el principio: desarrollar un modelo homilético que, en lugar de presentar a quien predica como una persona experta, la presente como una compañera en la fe que pregunta. Los trabajos de Fred B. Craddock han tenido una importancia primordial en el desarrollo de la nueva escuela estadounidense de predicación.[27] En el próximo capítulo, exploraremos con más detalle la obra de Craddock, como las contribuciones de otros expertos estadounidenses. Estos combinan los nuevos enfoques, tanto en el campo de los estudios bíblicos como en el de predicación, para producir un

---

[25] Fred B. Craddock (1985): *Preaching* (Predicación), Nashville, EE. UU., Abingdon Press, p. 177,

[26] Lowry ha desarrollado una forma sermonaria muy particular conocida como «*The Lowry Loop*», frase que traduzco como «el ojal de Lowry». Esta se explica en *The Homiletical Plot: The Sermon as Narrative Art Form* (El argumento homilético: el sermón como una forma de arte narrativo), Atlanta, John Knox Press (1980); y en *Doing Time in the Pulpit: The Relationship Between Narrative and Preaching* (Haciendo tiempo en el púlpito: la relación entre la narrativa y la predicación) Nashville, EE. UU., Abingdon Press (1985).

[27] Para una introducción a lo que hemos llamado la nueva escuela norteamericana de predicación, véase a Gail R. O'Day y Thomas G. Long, editores (1993): *Listening to the Word: Studies in Honor of Fred B. Craddock* (Escuchando al mundo: estudios en honor a Fred B. Craddock), Nashville, EE. UU., Abingdon Press.

nuevo acercamiento a la disciplina.[28] A continuación presentaré ejemplos de estos cambios.

1. Crítica de las formas

Como indiqué anteriormente, el estudio de las formas es uno de los desarrollos de los métodos histórico-críticos. Este analiza las unidades más pequeñas de la Biblia, clasificándolas de acuerdo a su forma y a su función. Por ejemplo, en el libro de los Salmos, encontramos distintos tipos de salmos. Algunos alaban a Dios, otros elevan una plegaria, y aun otros celebran la historia de Israel. Sin embargo, a pesar de las diferencias, podemos encontrar patrones que se repiten en los cánticos del Salterio. Al usar los criterios establecidos por la Crítica de las Formas, surge una clasificación más clara: en los salmos encontramos himnos, cánticos de acción de gracias, lamentos, cánticos reales, reflexiones sobre la ley, etc. Sin duda alguna, la Crítica de las Formas es un método útil para estudiar las escrituras.

Sin embargo, en su expresión clásica, el propósito de este método no era el estudio de la forma sino la reconstrucción de la historia del texto. Los expertos exploraban cuándo y por qué se usaba cada forma; qué condiciones sociales determinaron la transmisión del texto; y dónde se preservaron las tradiciones orales. Esto llevó a los intérpretes a otro callejón sin salida. Volvamos al ejemplo de los salmos. Es prácticamente imposible determinar las condiciones históricas que motivaron la producción de un salmo. Por esta razón, los estudiosos tenían que desarrollar complicadas teorías para sostener sus posiciones. De este modo, algunos comentaristas de los salmos

---

[28] Dos buenos ejemplos de este nuevo esfuerzo hermenéutico son los manuales de Ronald J. Allen (1984): *Contemporary Biblical Interpretation For Preaching* (Interpretación contemporánea de la Biblia para la predicación), Valley Forge, EE. UU., Judson Press; y de Thomas G. Long (1989): *Preaching and the Literary Forms of the Bible* (La predicación y las formas literarias de la Biblia), Philadelphia, EE. UU., Fortress Press.

se han inventado festivales sagrados y prácticas culturales que —aunque no aparecen en la Biblia— sirven de base para sus explicaciones.

El fracaso de los intentos de reconstrucción histórica ha motivado un cambio fundamental en el estudio y la interpretación de las formas que aparecen en la Biblia. En vez de inventar teorías, la tendencia en los últimos años es a recalcar la unidad entre la forma y el contenido del texto. Así, la Crítica de las Formas es entendida ahora como análisis literario del texto. Algunas personas llaman este nuevo enfoque por el nombre de Crítica Retórica, pues incluyen en su análisis el estudio de técnicas literarias, tales como el paralelismo, la repetición, la estructura literaria, etc.

Este nuevo enfoque tiene consecuencias importantes para la predicación.[29] Por ejemplo, la forma más común en el Salterio es el salmo de lamentación. En este tipo de cántico, la persona fiel expone su queja ante Dios y pide su intervención. La característica más importante de este tipo de salmo es el cambio súbito que ocurre en el tono: el salmo va del lamento a la alabanza. Por lo regular, quien ora comienza presentando su queja, pero termina alabando a Dios. Así, el Salmo 130 comienza clamando a Dios desde lo profundo (v. 1), pero termina afirmando que Dios librará al creyente de toda maldad (vv. 7-8). Si nos acercamos a este salmo buscando reconstruir la historia del texto, este será estéril. Sin embargo, al explorar la forma encontramos terreno fértil para la predicación.

Podemos tomar prestado uno de los bosquejos inductivos sugeridos anteriormente y hacer un sermón de dos puntos:

- Lamento (Lo que no es): en momentos difíciles podemos pensar que Dios nos ha abandonado y que ya no escucha nuestras oraciones.

---

[29] Aquí seguimos a Long, *Literary Forms* (Formas literarias), especialmente el capítulo tres titulado «Preaching on the Psalms» («Predicación sobre los salmos»).

- Alabanza (Lo que es): sin embargo, Dios está presto a librarnos del mal.

De este modo, podemos afirmar que el estudio de la forma del texto no solo nos ayuda a entender mejor su mensaje, sino que también nos sugiere formas sermonarias novedosas.

2. Crítica de la redacción

A pesar de sus virtudes, la Crítica de las Formas tiene otro grave defecto: la fragmentación del texto bíblico. Por definición, el estudio de las formas tiene como foco las unidades literarias más pequeñas de la escritura. Para compensar este defecto, la erudición bíblica desarrolló la Crítica de la Redacción, un método que estudia la composición de los documentos bíblicos. En vez de estudiar pasajes bíblicos aislados, el método de la redacción ve cada documento como una obra literaria con carácter propio y estudia cada libro en su totalidad.

Al igual que el método anterior, en sus comienzos la Crítica de la Redacción tenía un enfoque más bien histórico. El método buscaba desenmarañar las distintas capas de la tradición —una vez más— para reconstruir la historia del texto. Sin embargo, el método pronto tomó ribetes literarios y teológicos. Hoy la Crítica de la Redacción se usa para analizar las características literarias de cada documento de la Biblia, en especial de los Evangelios. Estas características nos dan pistas para determinar la teología de los escritos.

Veamos, pues, un ejemplo. Por un lado, en Marcos 1:40-45, encontramos el relato de la curación del leproso. Este relato se presenta como uno de los primeros milagros que hizo Jesús en su ministerio. Por otro lado, en Mateo la narración del encuentro entre Jesús y el leproso se encuentra al comienzo del capítulo 8. Aunque el relato de Mateo es prácticamente idéntico al de Marcos, ambos tienen implicaciones teológicas distintas. Mateo ha colocado la sanidad del leproso inmediatamente después del Sermón del Monte, que termina afirmando que, a diferencia de los líderes religiosos de su tiempo, Jesús enseñaba con autoridad (Mt. 7:29). A renglón seguido, el texto dice que «cuando descendió Jesús del monte ... vino un leproso» (Mt. 8:1-2). De este modo, Mateo deja claro que Jesús no solo enseña con autoridad, sino que también actúa con poder.

Este método también tiene importantes implicaciones para la predicación. En primer lugar, marca el fin de la armonización que caracteriza el estudio bíblico tradicional. Si tomamos en cuenta los estudios de la redacción sobre la teología de los Evangelios, resulta imposible unir los relatos de Marcos, Mateo y Lucas para reconstruir la historia verdadera. En segundo lugar, ahora tenemos que tomar en serio la teología de cada documento de la Biblia. Una vez más, tenemos que darle importancia a las partes que componen el todo.

3. Análisis estructural

Uno de los métodos de estudio bíblico que rompe con el sistema histórico-crítico es el análisis estructural.[30] El estructuralismo busca las estructuras profundas del texto. Este método postula que el lenguaje es un sistema de opuestos binarios. Es decir, que el idioma se caracteriza por la diferencia y la oposición. Por ejemplo, la letra A es diferente a la B, tanto en su escritura como en su sonido. Esta diferencia es lo que permite

---

[30] Dos buenas introducciones a este método son la del Equipo «Cahiers Evangile» (1980): *Iniciación en el análisis estructural, Cuaderno Bíblico #14*, Estella, Navarra, España, Editorial Verbo Divino; y la de Clara María Castrillón (1988): *Leer el texto, vivir la palabra: Manual de iniciación a la lectura estructural de la Biblia*, Estella Navarra, España, Editorial Verbo Divino. Otros libros que ejemplifican el método son el editado por Jean-Claude Giroud y Louis Panier (1988): *Semiótica: Una práctica de lectura y de análisis de los textos bíblicos, Cuaderno Bíblico #59*, Estella, Navarra, España, Editorial Verbo Divino; y el de Roland Barthes y otros (1973): *Análisis Estructural y Exégesis Bíblica*, Buenos Aires, Argentina, Editorial La Aurora.

que puedan combinarse para producir palabras (significantes). Del mismo modo, los conceptos (significados) se oponen entre sí: el mal se opone al bien, la salud a la enfermedad, la alegría a la tristeza, etc.

El estructuralismo es un sistema un tanto difícil de dominar. Sin embargo, podemos utilizar algunos de sus principios en la interpretación bíblica sin mayor dificultad. Veamos un ejemplo: en Mateo 15:21-28, se encuentra el relato del encuentro entre Jesús y la mujer cananea. Esta desesperada mujer acude a Jesús porque tenía una hija gravemente atormentada por un demonio (v. 22). Aunque increíble, Jesús se niega a conceder su petición porque la mujer no era judía, sino extranjera. Jesús le dice: «No soy enviado sino a las ovejas perdidas de la casa de Israel» (v. 24). En este versículo, Jesús está afirmando el entendimiento tradicional de la misión: esta está limitada al pueblo judío (compare con Mt. 10:5-6). Ahora bien, ¿cuáles son las oposiciones básicas del texto? Por un lado, la mujer cananea es víctima de las fuerzas del mal, la enfermedad y la muerte. Por otro, Jesús es el campeón de las fuerzas del bien, la salud y la vida. Esta lucha entre la vida y la muerte es la oposición principal del texto. Ahora bien, en el relato encontramos que algo impide la sanidad. Por definición, lo que impide el triunfo de la vida pertenece a la esfera del mal y de la muerte. En este pasaje bíblico, lo que se opone a la sanidad y a la salvación es la interpretación limitada de la misión. La perspectiva misionera excluyente mantiene oprimidas a la cananea y a su hija. De esta manera, el texto condena tanto la tradición judía como el racismo y el sexismo que mantenían a la extranjera y a su hija victimizadas por la enfermedad y la muerte.

Los usos de este método para la predicación son bastante claros. Por un lado, el método nos invita a buscar las oposiciones del texto. En el ejemplo tomado arriba, la misión limitada se opone a la salvación, mientras que una misión inclusiva afirma la salud y la vida. Por eso, no sorprende que el capítulo 28 de Mateo termine con el mandato de ir y hacer discípulos a todas las naciones (Mt. 28:19). La conclusión es clara: la predicación del evangelio de la vida tiene que ser inclusiva. Por otro lado, el análisis estructural nos invita a desarrollar sermones que contrasten dos ideas principales. Una vez más nos referimos al sistema de Craddock, quien prefiere los sermones de dos partes a los de tres.

4. Análisis sociológico

Como indicamos anteriormente, los métodos histórico-críticos privilegian el estudio del contexto de los documentos bíblicos. El análisis sociológico va más allá, explorando los aspectos socioeconómicos e ideológicos de los textos. Por ejemplo, 1 Pedro indica en su versículo inicial que sus destinatarios son los «expatriados de la dispersión» (1:1) y más adelante se refiere a ellos como «peregrinos y extranjeros» (2:11). Por lo regular, nuestras iglesias espiritualizan estos textos, indicando que la verdadera casa del creyente se encuentra en la «patria celestial». Sin embargo, estudios sociológicos de la carta han demostrado que el lenguaje de 1 Pedro está cargado con sentido sociopolítico. La carta está dirigida a las personas que, siendo súbditos del imperio, no eran ciudadanos romanos. En este sentido, la epístola está dirigida a «ciudadanos de segunda clase» y a «extranjeros ilegales». Interpretado desde el nuevo punto de vista que ofrece el análisis sociológico, el texto ofrece un mundo de nuevas posibilidades para la predicación y la enseñanza en nuestro contexto hispano.

En este sentido, el análisis sociológico les recuerda a las personas que predican que el texto bíblico en particular y el lenguaje en general tienen funciones sociales. Funciones que debemos tener en cuenta si queremos interpretar el texto en forma pertinente.

5. Las hermenéuticas materialistas y las teologías de liberación

Más allá del análisis sociológico, encontramos el análisis materialista y las interpretaciones bíblicas de las nuevas teologías de liberación. Este acercamiento parte de la «sospecha ideológica». Es decir, que hay elementos importantes para la interpretación de los textos bíblicos que han sido obviados por razones ideológicas.[31] Tomemos el ejemplo de la epístola del apóstol Pablo a Filemón. Muchos comentarios y manuales introductorios al Nuevo Testamento afirman que el texto no condena la esclavitud; que Pablo la veía como un elemento normal en la sociedad de su época.[32] Si bien es cierto que el texto no condena directamente la esclavitud, esto no implica que la Biblia la vea como algo positivo.[33] Solo hay que ver el versículo 16 que exhorta a Filemón a tratar a Enésimo «no ya como esclavo, sino como más que esclavo, como hermano amado, mayormente para mí, pero cuánto más para ti, tanto en la carne como en el Señor». Por lo tanto, Pablo no se limita a pedir que el esclavo escapado sea recibido sin castigo, sino que llama a Filemón a entrar en otro tipo de relación con Onésimo. Ya no será su esclavo, sino su hermano en la fe.

Ahora bien, ¿por qué no encontramos más comentarios que defiendan una lectura liberadora del texto? La razón es sencilla, pero triste. Hay personas que por razones ideológicas prefieren usar el texto para afirmar el status quo, no para transformarlo. Este tipo de relectura bíblica tiene mucho que enseñarle a la

---

[31] Para una explicación tanto del círculo hermenéutico latinoamericano como de la sospecha ideológica, véase a Juan Luis Segundo, *La liberación de la teología*, especialmente el primer capítulo.

[32] Esta es la posición de Willi Marxsen en su *Introducción al Nuevo Testamento: Una iniciación a sus problemas* Salamanca, España, Ediciones Sígueme (1983), p. 79.

[33] Aquí seguimos el comentario de José Comblin (1989): «Colosenses y Filemón», de la serie *Comentario Bíblico Ecuménico*, Buenos Aires, Argentina, Editorial La Aurora.

predicación.³⁴ Parte de la tarea del predicador latino e hispanoamericano es «desmontar» las lecturas tradicionales del texto. Debemos retar las interpretaciones bíblicas que mantienen oprimido a nuestro pueblo. La otra parte de la tarea de la predicadora latina e hispanoamericana es usar el texto para construir una nueva realidad. Debemos enseñar una nueva forma de leer la Biblia, una relectura que valora positivamente al pobre, a la mujer, al mestizo, al mulato y al indígena.

6. La primacía del lector

Como vemos, la hermenéutica contemporánea está en constante desarrollo. Uno de los enfoques más novedosos es la interpretación que explora la respuesta del lector. Los textos bíblicos han sido escritos para un público dado y con un propósito claro. Por esta razón, los documentos bíblicos nos dan pistas de cómo debemos leerlos e interpretarlos. En este sentido, podemos afirmar que la Biblia en general tiene como objetivo principal llevar al lector a la fe.

Volvamos por un momento al Evangelio de Mateo. Una de las características de este libro de la Biblia es la repetición de distintas escenas de la vida de Jesús. Estas escenas se interpretan unas a otras y van perfilando el mensaje que el autor implícito del texto quiere transmitir al lector implícito. Por ejemplo, Mateo tiene dos relatos en los cuales Jesús calma la tempestad.³⁵ En el primero, que se encuentra en 8:23-27, los

---

[34] Para una reflexión teológica sobre la predicación desde una perspectiva liberadora latinoamericana, véase el artículo de Leonardo Boff (1986): «Cómo predicar la cruz en una sociedad de crucificados», en *Desde el lugar del pobre*, Bogotá, Colombia, Ediciones Paulinas. Para una perspectiva liberadora más amplia, consúltese el manual de Justo L. González y Catherine G. González (1980): *Liberation Preaching: The Pulpit and the Oppressed* (Sermón de liberación: el púlpito y el opresivo), Nashville, EE. UU., Abingdon Press.

[35] Aquí seguimos el estudio de Janice Capel Anderson: «*Double and Triple Stories, The Implied Reader, and Redundancy in Matthew*» («Historias dobles y triples, el lector implícito y la redundancia en Mateo»), *Semeia* 31, pp. 71-89.

discípulos se desesperan y piensan que van a morir (v. 25). Por esta razón, Jesús los llama «hombres de poca fe» (v. 26). El segundo relato se encuentra en 14:22-33. Una vez más la barca donde están los discípulos es azotada por las olas (v. 24). Jesús, que se encontraba en la orilla, camina sobre las aguas y se acerca a ellos en medio de la noche. Los discípulos muestran temor, pero Jesús los exhorta a tener ánimo. Pedro responde lanzándole un desafío a Jesús: «Señor, si eres tú, manda que yo vaya a ti sobre las aguas» (v. 28). Jesús lo llama, y Pedro logra caminar sobre el mar hasta que el fuerte viento lo mueve al miedo y se hunde. Jesús lo rescata llamándolo «hombre de poca fe» (v. 31). Una vez en la barca, los discípulos se acercan a Jesús y lo adoran. Como vemos, el texto nos muestra una progresión clara. Mientras el primer relato termina preguntando quién es Jesús (8:27), el segundo termina mostrando que los discípulos han comprendido que Jesús es «Dios con nosotros» (1:23).

Este breve ejemplo nos muestra claramente que el Evangelio de Mateo traza sus propias pautas de lectura. El texto nos da una serie de pistas y nos invita a seguirlas. Quien así lo haga encontrará la riqueza del mensaje.

Una vez más, la predicación tiene mucho que aprender de un método como este.[36] Del mismo modo que la hermenéutica contemporánea afirma la importancia del lector, la predicación debe afirmar la primacía del oyente. El sermón no es un documento que escribimos en una máquina y archivamos en un cajón. ¡Todo lo contrario! Es un evento comunitario en el cual participa toda la congregación. El objetivo principal de la persona que predica es llevar a la audiencia a la fe. Para lograr

---

[36] Una buena introducción a este método es el libro de Edgar V. McNight (1988): *Postmodern Use of the Bible: The Emergence of Reader Oriented Criticism* (El uso postmoderno de la Biblia: el surgimiento del lector orientado al criticismo), Nashville, EE. UU., Abingdon Press.

este objetivo, es necesario tomar en cuenta al oyente, hablar su mismo lenguaje e hilvanar su historia con la historia del texto.

III. Hacia una homilética hispana

Para terminar, es bueno recordar las características de la predicación latina e hispanoamericana que enumeré al comienzo. Después de este repaso del impacto de los nuevos desarrollos hermenéuticos en la predicación, vemos que nuestra gente no está tan equivocada. Nuestra gente tenía razón al abandonar el sermón tradicional y al adoptar formas narrativas. Nuestra gente tenía razón al buscar una comunicación más directa y sincera con el pueblo. Nuestra gente tenía razón al usar la narración y el testimonio. Nuestra gente tenía razón en su apego a la Escritura. Nuestra gente tenía razón al recalcar el aspecto oral de la predicación.

Con esto no queremos decir que todo lo que ocurre en nuestros púlpitos es bueno. Ya hemos mencionado algunos de los vicios que es necesario erradicar. Sin embargo, queremos afirmar que el contexto hispano y latinoamericano es terreno fértil para desarrollar una homilética hispana que —empleando los nuevos enfoques— apele a la realidad de nuestro pueblo. Después de todo, el samaritano será el héroe de la historia.

CAPÍTULO 7

Diseño avanzado del sermón

I. Introducción

En mi país, había un predicador famoso por terminar todos sus sermones con un poema original, escrito expresamente para la ocasión. Durante su ministerio, que fue largo y fructífero, escribió cientos de poemas, muchos de los cuales fueron publicados. Al igual que él, toda una generación de ministros evangélicos aprendieron durante su época de estudiantes a diseñar sermones siguiendo la forma tradicional. Aprendieron que todo buen sermón debía comenzar con el anuncio del tema; dividir su argumento en tres secciones o «puntos»; concluir recalcando el tema y exhortando a la congregación a poner en práctica lo aprendido; y terminar preferiblemente con una ilustración tomada del mundo de la literatura o un poema. Esto explica por qué la mayor parte de los sermones que escuchamos en nuestras iglesias locales son tan parecidos.

Si bien el sermón tradicional le ha servido bien a la Iglesia cristiana por cientos de años, debemos reconocer que esta forma sermonaria presenta grandes problemas para quienes predicamos a comienzos del siglo XXI. Como hemos indicado anteriormente, la manera en la cual la gente aprende está cambiando. Los medios de comunicación masiva nos han acostumbrado a aprender en forma audiovisual, combinando texto, imágenes y sonido en movimiento coordinado. Por esta razón, comparado con la magia de las computadoras y de la televisión, el sermón tradicional parece estático y hasta aburrido. Ahora bien, esto no quiere decir que debemos abandonar la predicación. ¡Todo lo contrario! Lo que quiere decir es que debemos renovar el diseño de nuestros sermones. Debemos explorar distintas formas sermonarias, inyectándole así variedad al programa de predicación de nuestra iglesia local. La predicación del evangelio en el siglo XXI lo demanda.

Por esta razón, en este capítulo exploraremos los cambios que podemos hacer para mejorar el diseño de nuestros sermones. En primer lugar, consideraremos las características del sermón de diseño tradicional. Segundo, pasaré a explicar los cambios que han surgido en el campo del diseño sermonario durante las últimas décadas, sugiriendo nuevas formas de bosquejar nuestros sermones. Tercero, ofreceré consejos prácticos para inyectar variedad al programa de predicación de nuestra iglesia local.

II. El sermón tradicional

El sermón tradicional se compone de cuatro partes principales: la introducción, la presentación del tema o «proposición», el desarrollo y la conclusión. Por lo regular, el desarrollo se divide en «puntos». Estos no son otra cosa que los títulos de los segmentos principales del desarrollo. Aunque la mayor parte de los manuales de homilética indican que el sermón puede tener de dos a cinco puntos, lo más común es dividir el desarrollo en tres. Esta práctica se remonta a los escritos de san Agustín quien, basado en la retórica de

Aristóteles, creó el sermón de la «triple apelación». Este sermón divide su desarrollo en tres partes. La primera parte apela «a la razón», la segunda «al corazón» y la tercera «a la voluntad» de la audiencia.

Los puntos se dividen a su vez en «incisos», es decir, en unidades de pensamiento que avanzan el argumento del sermón. Estas subdivisiones se estructuran de acuerdo a los llamados «procesos retóricos». Estos procesos son: narración, ilustración, aplicación, argumentación, exhortación, definición, interrogación, descripción, ejemplificación y comparación. Sin duda alguna, el sermón tradicional ha sido útil para la comunicación del evangelio a través de los siglos. Del mismo modo, es una forma básica que todo estudiante de predicación debe aprender a dominar. Sin embargo, esta forma sermonaria presenta toda una serie de problemas para la predicación a comienzos del siglo XXI. A continuación enumeraré algunos de estos problemas.

1. El sermón tradicional es racionalista

El sermón tradicional comienza con el anuncio del tema. Esto deja claro cuál es la idea central del sermón y ayuda a la congregación a seguir su argumento general. Algunos predicadores no solo anuncian el tema, sino que también anuncian los puntos en los cuales será dividido el argumento. Una vez más, el propósito de estos anuncios es colocar las ideas en forma lógica, facilitando así la su comprensión.

Ahora bien, el anuncio del tema puede ser un arma de doble filo. Si bien puede ayudar a algunas personas a comprender mejor el argumento del sermón, también puede entorpecer la comunicación. En primer lugar, el anuncio del tema elimina el factor sorpresa. Quien anuncia el tema al comienzo del sermón está eliminando toda duda, toda ambigüedad, toda discrepancia. El problema es que esto también hace que el sermón sea menos interesante, sobre todo para las personas que hemos crecido en la era del vídeo. La mayor parte de las películas de cine y de los programas de televisión están basados en historias que comienzan en forma ambigua o conflictiva. Son precisamente esos conflictos y esas ambigüedades los elementos que llaman nuestra atención. Si los primeros minutos de un programa de televisión nos intrigan, con toda probabilidad nos sentaremos a ver dicho programa hasta que sepamos quiénes son los «malos» y cómo los «buenos» saldrán airosos.

Quizás ahora quede claro por qué afirmo que eliminar el factor sorpresa al comienzo del sermón puede ser contraproducente. Si anunciamos durante el primer minuto de nuestro sermón que nuestro texto es la parábola de los talentos (Mt. 25:14-30) y que el tema o proposición es «Dios nos llama a ser buenos administradores de nuestros dones», muchas personas pensarán que nuestro sermón será idéntico a otros que han escuchado en el pasado. Esto matará el interés que puedan tener en nuestro mensaje.

El segundo problema que presenta el anuncio del tema o la proposición es que puede darle un tono autoritario al sermón. Esto se debe a que el sermón tradicional parte de una premisa general que la audiencia debe aceptar como cierta antes de escuchar el resto del argumento. Es decir, parte de una «verdad» que la congregación debe aceptar a priori; parte de una idea que la gente debe aceptar antes de escuchar las razones que podrían convencerlo de su veracidad. Volvamos al ejemplo anterior. Imaginemos que una predicadora anuncia que su tema es «Dios nos llama a ser buenos administradores de nuestros dones» a comienzos del sermón. Como ella todavía no ha explicado las razones por las cuales dicha afirmación es cierta, gran parte de su audiencia pensará que está imponiendo su opinión en forma autoritaria. Una vez más, la lógica deductiva del sermón tradicional será particularmente problemática para las personas más jóvenes de la congregación.

Como indiqué anteriormente, vivimos en un mundo donde la gente cree —de forma equivocada— que la verdad es relativa; un mundo en el cual cada persona tiene que buscar «su propia verdad». Por esta razón, la gente ya no está dispuesta a aceptar la verdad de una afirmación sin escuchar antes las razones por las cuales eso es cierto. La gente prefiere descubrir la verdad por sí misma.

En resumen, el problema principal que presenta el sermón tradicional es su lógica deductiva. Es decir, su mayor defecto consiste en que desciende de lo general a lo particular, derivando así lo concreto a partir de una idea abstracta.

2. El sermón tradicional es abstracto

La estructura del sermón tradicional tiene como propósito principal ayudarnos a organizar y a presentar nuestras ideas. El propósito de este tipo de sermón es didáctico, es decir, facilitar la comprensión de las ideas centrales que presentará el predicador en su mensaje. Por esta razón, el sermón tradicional continuará siendo útil para la Iglesia cristiana, sobre todo a la hora de predicar sermones temáticos o doctrinales.

Una vez más, esta virtud puede convertirse en un defecto y en un obstáculo para quienes vivimos a comienzos del siglo XXI. El sermón tradicional privilegia las ideas y el lenguaje abstracto, relegando las historias y las imágenes literarias al plano de la mera «ilustración». En este tipo de sermón, la narración queda al servicio de las ideas. Sin embargo, nuestro mundo privilegia las imágenes. Estamos tan acostumbrados a los estímulos visuales que se nos hace difícil escuchar con interés largos argumentos abstractos. Vivimos en una generación acostumbrada a lo audiovisual, a escuchar sonidos coordinados con textos e imágenes en movimiento. Esto no quiere decir que debamos reemplazar el sermón dominical por vídeos y películas religiosas. Lo que quiere decir es que debemos dejar de lado el lenguaje abstracto y rebuscado; que debemos usar imágenes verbales —sencillas y concretas— que ayuden a la congregación a «ver» lo que decimos con los «ojos» de la imaginación.

A manera de ejemplo, podemos señalar la diferencia entre dos maneras diferentes de decir lo mismo. Podemos comenzar un sermón sobre Apocalipsis 1 usando lenguaje abstracto, diciendo: «Juan el vidente se encontraba preso en la isla de Patmos por predicar el evangelio». O podemos usar imágenes verbales que estimulen la imaginación de nuestra audiencia. Veamos un ejemplo: Imaginen la escena. Una isla; y en la isla, una cárcel; y en la cárcel, una celda; y en la celda, un hombre. Pero no es un hombre cualquiera. Es un pastor, un vidente, un profeta encarcelado por causa de la fe. Juan, encarcelado en la isla de Patmos «por causa de la palabra de Dios y el testimonio de Jesucristo» (Ap. 1:9).

Las presentaciones generadas por computadoras bien pueden ayudarle a combinar voces e imágenes en la predicación. En mi iglesia local, acostumbro proyectar una presentación electrónica que recalca las ideas centrales del sermón, combinando las palabras con fotos alusivas al tema del mensaje.

3. El sermón tradicional es un monólogo

El sermón tradicional es básicamente un discurso que la persona que predica prepara en la soledad de su oficina o de su hogar. No solo eso, sino que también es un monólogo; es un discurso que una sola persona presenta, mientras el resto de la congregación guarda silencio. Si bien, por un lado, esto es necesario, por otro deja claros los roles de cada cual en este modelo. El predicador expone, la congregación escucha. La predicadora afirma, la audiencia asiente.

Sin embargo, en nuestro mundo, los monólogos han quedado en el olvido. A comienzos del siglo XXI, el mundo se resiste a sentarse a escuchar discursos. Fuera de algunas obras de teatro, la gente está abandonando los monólogos en favor de otras formas comunitarias de comunicación. Por eso, hasta los políticos están dejando discursos, reemplazándolos por anuncios comerciales, debates y diálogos con el pueblo.

Si queremos que el mundo actual preste atención a nuestros sermones, debemos minimizar el sabor a discurso que puedan tener. Podemos lograr este objetivo de varias maneras. En primer lugar, podemos usar menos afirmaciones en nuestros sermones, sustituyéndolas por figuras de construcción verbal que estimulen la imaginación de los oyentes. Si queremos que nuestra audiencia entre en un «diálogo mental» con nosotros, debemos hacerle preguntas, presentarle dilemas y narrar historias. Recuerdo una ocasión en la cual le pedí a la congregación —en medio de un sermón— que cada cual pensara en una persona conocida que necesitara ser consolada por nuestro Señor Jesucristo. Casi sin darse cuenta, una hermana dijo en voz alta: «Mi hija, porque uno de mis nietos está muy enfermo». Para esta buena hermana, nuestro sermón no era un monólogo, sino un diálogo de fe.

Una vez más, la tecnología puede ayudarnos a mejorar la comunicación con nuestra feligresía. En mi caso, acostumbro enviar correos electrónicos (*e-mails*) a todas aquellas personas que, siendo miembros de mi congregación, me han facilitado su dirección. Periódicamente, les pregunto sobre los temas que desean escuchar. En otras ocasiones, les envío el texto que voy a usar con una serie de preguntas, pidiéndoles que me ayuden a identificar temas e ideas para la predicación. De este modo, quienes responden a nuestros mensajes son mis colaboradores en el proceso de preparación sermonaria.

4. El sermón tradicional descarta la forma del texto bíblico

El cuarto problema que enumeraré aquí es que el sermón tradicional divide en «puntos» el mensaje de los diversos tipos de textos que contiene la Biblia. Esta forma sermonaria presume que todos los textos bíblicos pueden predicarse de la misma manera. La forma no varía. El sermón tradicional tendrá tres puntos no importa si el texto que sirve de base al sermón es un salmo, una parábola, un discurso profético o una revelación apocalíptica. Esto se debe a que la homilética tradicional entiende que es posible separar la forma del contenido del texto; cree que es posible «extraer» el mensaje del pasaje bíblico y «verter» su contenido en esta forma sermonaria.

Esto contradice los hallazgos de la interpretación bíblica contemporánea. Los expertos en el estudio de las Escrituras afirman hoy día que lo que la Biblia dice está íntimamente ligado a cómo lo dice. Hoy se afirma que no se puede separar el mensaje de los distintos textos bíblicos de su forma y de su estructura literaria. ¡Todo lo contrario! La forma y la estructura literaria de un texto bíblico son una de las ventanas más importantes que nos dejan ver su significado. Tomemos el caso del Salmo 1. La estructura tradicional del sermón nos llama a dividir su mensaje en tres puntos. Sin embargo, la estructura literaria de este salmo no se amolda a esta forma sermonaria.

1. El versículo 1 exalta a la persona justa, que no practica la maldad ni se solidariza con el mal.
2. El versículo 2 afirma que la persona justa se deleita en la oración, la meditación y el estudio de la palabra de Dios.
3. El versículo 3 compara al justo con un árbol que siempre está verde.
4. La primera parte del versículo 4 —«No así los malos»— sirve de transición. El foco del sermón pasa de la persona justa a la persona malvada.
5. El resto del versículo 4 afirma que quienes practican el mal son como el «tamo», es decir, como una hoja seca. Esto establece un contraste claro con el versículo 3. El justo es «hoja verde»; el malo, «hoja seca».

6. El versículo 5 afirma que las personas malvadas no tendrán comunión alguna con las personas justas.
7. El versículo 6 resume el mensaje del salmo: mientras las personas justas siempre tendrán comunión con Dios; los malos morirán lejos de su presencia.

En este sentido, podemos afirmar que este salmo sigue una estructura literaria «circular». Esto quiere decir que las ideas que aparecen al principio se repiten al final.

- A: Los justos no tienen comunión con los malos (vv. 1-2).
- B: Las personas justas son como hojas verdes (v. 3)
- B': Las personas malas son como hojas secas (v. 4)
- A': Los malos no tienen comunión con los justos (v. 5)
- Resumen: La actitud de Dios ante justos y pecadores (v. 6)

Como podemos ver, acomodar el mensaje de este salmo en tres puntos desarrollados en forma lineal le haría violencia al texto. Este salmo podría predicarse mejor si dividimos el desarrollo del sermón en cinco secciones (siguiendo el bosquejo presentado arriba) o en dos secciones principales (A. Las características de la persona justa; y B. Las características de la persona malvada).

5. El sermón tradicional está limitado en el tiempo

En el pasado, el sermón tradicional se presentaba solamente en el servicio de adoración dominical. Nuestras sociedades veían el domingo como un día de descanso en el cual solo se ofrecían servicios de emergencia, tales como cuidado médico y vigilancia policíaca. La gente no tenía mayores excusas para quedarse en casa o impedimentos para visitar la congregación de su preferencia.

Para bien o para mal, estos tiempos han quedado en el pasado. Hoy vivimos en una sociedad de veinticuatro horas, donde el domingo es un día de trabajo más para cientos de miles de personas en nuestros países. Los mercados, los centros comerciales y los restaurantes abren los domingos, a la par de los hospitales y las estaciones de policía. Además, hay varias personas profesionales que no tienen horarios fijos y que trabajan desde su hogar o desde un café con servicio de Internet.

El problema es que la inmensa mayoría de las congregaciones protestantes celebran solo un servicio de adoración dominical, a una hora fija. Aquellas personas que no tienen la dicha de tener ese tiempo libre, no pueden participar del servicio de adoración y, por ende, no pueden escuchar el sermón.

Para lidiar con tales problemas, algunas iglesias han desarrollado ministerios cibernéticos, colocando audio o vídeo de los sermones dominicales en Internet. Mientras algunas congregaciones transmiten el servicio en vivo por Internet (modalidad que en ingles se llama *webcasting*), otros ministerios colocan los archivos de audio o de vídeo en portales electrónicos para ser «bajados» (en inglés, *downloaded*) a conveniencia del público. Los nombres de estas formas de publicación son *podcasting*, para archivos de audio (preferiblemente en formato MP3) y *videocasting*.

6. Resumen

Como indiqué anteriormente, el comienzo del siglo XXI marca un momento de crisis para la predicación contemporánea. Los medios de comunicación masiva nos han acostumbrado a esperar que lo que escuchemos sea interesante, comunitario, no autoritario, inductivo, concreto y dialógico. La gente rechaza los discursos autoritarios, deductivos, lineales y con formato de monólogo. En cierto sentido, el sermón tradicional representa todo aquello contra lo cual nuestra generación está protestando.

Con esto no queremos condenar a todas las personas que predican sermones que siguen el diseño tradicional. Los buenos predicadores, de manera instintiva, logran distanciarse de los defectos del sermón tradicional. Las buenas predicadoras, de manera casi innata, desarrollan sermones que llegan al corazón de la congregación. No obstante, la realidad es que el sermón deductivo-tradicional presenta serios problemas como modelo homilético, problemas que varios estudiosos de la homilética moderna han tratado de superar.

III. Cambios en el diseño del sermón

A continuación discutiremos algunos de los cambios más importantes que han ocurrido en el campo del diseño del sermón en los últimos años.[1] Exploraremos cuatro formas nuevas de diseñar un sermón. Estas son la predicación inductiva, la predicación narrativa, el «ojal de Lowry» y los sermones basados en el movimiento y la estructura del texto bíblico. Al final del libro, a manera de apéndices, se incluyen sermones que siguen estos estilos homiléticos.

1. La predicación inductiva

Como vimos anteriormente, el sermón tradicional sigue una lógica deductiva, ya que parte de una «verdad» que debe ser aceptada como tal. Esta característica le da al sermón tradicional su movimiento descendente y su sabor autoritario. Para superar este defecto, Fred B. Craddock propuso un nuevo modelo: el sermón inductivo. Craddock diagnosticó con precisión

---

[1] Para una introducción al diseño avanzado del sermón, véase el impresionante resumen de Richard L. Eslinger (1987): *A New Hearing: Living Options in Homiletic Method* (Un nuevo punto de vista: opciones de vida en el método homilético), Nashville, EE. UU., Abingdon Press.

los defectos de la predicación deductiva tradicional y sugirió un nuevo acercamiento al sermón.[2] De acuerdo con Craddock, comenzar con una tesis o «proposición» es un error, ya que la congregación no ve el proceso a través del cual el predicador llegó a esta idea. Por esta razón, el sermón inductivo pretende llegar a una conclusión que la congregación pueda reconocer como verdadera. Para esto, el sermón inductivo parte de la realidad, no de las ideas, derivando lo abstracto de lo concreto.

Tomemos como ejemplo Romanos 12:1-2. Un bosquejo deductivo tradicional comenzaría con la presentación de un tema donde el predicador afirmaría alguna de las «verdades» del pasaje: «Dios nos llama a vivir en santidad», «El cristiano debe presentar su cuerpo en sacrificio vivo a Dios» o «No podemos vivir conforme a los valores de la cultura dominante». Partiendo de este tema, el sermón expondría varios puntos pertinentes para la vida cristiana.

Por su parte, un sermón inductivo podría seguir un bosquejo como este:

1. El presente: En ocasiones, nuestros valores chocan con los valores de la sociedad.
2. El pasado: En Romanos 12, el apóstol Pablo hace un llamado a la integridad. El texto llama a la comunidad cristiana en Roma a optar por los valores del reino de Dios.
3. El presente: Del mismo modo, la Palabra de Dios nos desafía hoy a ser íntegros; a vivir de acuerdo a los valores del reino.

Como vemos, lo que era el punto de partida en el sermón deductivo, es el punto de llegada en el inductivo. En vez de imponer un tema, el sermón inductivo busca llegar a una conclusión que pueda ser aceptada por toda la congregación.

---

[2] Fred B. Craddock (1979): *As One Without Authority* (Como uno sin autoridad), Nashville, EE. UU., Abingdon Press.

La predicación inductiva nos llama a abandonar el bosquejo homilético tradicional y nos invita a desarrollar nuevas opciones sermonarias. Quienes deseen diseñar sermones inductivos deberán comenzar su sermón con una introducción interesante y llamativa. Dicha introducción debe levantar preguntas, presentar opciones o plantear dilemas. También puede narrar una historia o una anécdota relacionada con el tema. En el sermón inductivo, la introducción es un «gancho» que busca cautivar la atención de la audiencia. De más está decir que, aunque no se anuncie explícitamente el tema central del sermón, la introducción deberá estar íntimamente relacionada con el tema o proposición de la ocasión.

El cuerpo del sermón inductivo puede desarrollarse de diversas maneras. Aunque puede dividirse en hasta cinco secciones, se recomienda que el cuerpo de la mayor parte de los sermones inductivos tenga solo dos. El tema o la proposición del sermón se indicará al final del cuerpo del sermón o en una breve conclusión. Algunas de las formas en que se puede dividir el cuerpo del sermón inductivo son las siguientes:

1. El problema/La solución: La primera parte de este sermón planteará un problema vital para la vida de la iglesia y de la comunidad. La segunda parte ofrecerá recomendaciones para solucionar el problema y pautas para la acción pastoral.
2. Lo que no es/Lo que es: En su primera parte, este sermón descartará una opción, indicando que es la alternativa equivocada. En la segunda parte, presentará la alternativa correcta.
3. Promesa/Cumplimiento: Este tipo de sermón explora las diversas promesas que contiene la Escritura e indica cómo estas se han cumplido en la historia del pueblo de Israel y en la vida de la iglesia.
4. Ambigüedad/Claridad: El propósito de esta forma sermonaria es aclarar las dudas que pueda tener nuestra audiencia sobre algún tema pertinente.

5. Del presente/Al pasado/Al presente: Este es un sermón de retrospección o *flashback*. La primera parte explorará algún aspecto de nuestra vida actual. La segunda examinará lo que dicen las Escrituras sobre ese tema. La tercera regresará al presente, exhortándonos a poner en práctica las enseñanzas de la Biblia.
6. Esta premisa es correcta/Y esta/Y esta: Podemos usar esta forma sermonaria cuando necesitamos afirmar varios puntos importantes sobre un tema o un texto bíblico. No se deben examinar más de cinco premisas en un sermón dado.
7. Ni esta premisa es correcta/Ni esta/Ni esta/Si no esta: Podemos usar esta forma sermonaria cuando necesitemos descartar varias ideas equivocadas, recalcando así la alternativa verdadera.
8. Esta premisa es cierta/O esta premisa es cierta: El propósito de este tipo de sermón es pedirle a la audiencia que tome una decisión.
9. Explore/Explique/Aplique: Este tipo de sermón nos permite estudiar un tema para profundizar, recalcando sus implicaciones prácticas para la iglesia
10. Premisa mayor/Premisa menor/Conclusión: Esta es otra forma sermonaria que nos permite explorar distintas facetas de un tema. Se parte de una premisa mayor, tal como «Dado que Dios es justo» para ir a una menor, tal como «los creyentes debemos practicar la justicia».

Estas son solo algunas sugerencias. Puede ver más ejemplos de sermones inductivos en la tercera parte de este libro.

Estoy seguro de que, después de preparar algunos sermones inductivos, cada cual podrá desarrollar sus propias formas sermonarias inductivas. Además, como veremos un poco más adelante, en algunas ocasiones la forma y la estructura literaria de los textos bíblicos nos sugerirán el diseño que debemos seguir.

2. La predicación narrativa

Debemos reconocer que la predicación narrativa es tan antigua como las mismas Escrituras. El estilo homilético de Jesús —con su uso constante de parábolas y narraciones— es un ejemplo elocuente de esto. Sin embargo, también debemos reconocer que los manuales de homilética tradicional relegan el sermón narrativo a un segundo plano, ya que el sermón expositivo tiene la primacía en ese sistema.

Lo interesante es que durante los últimos años, los expertos en el campo de la predicación han comenzado a recalcar el inmenso valor que tiene el sermón narrativo. En parte, los escritos de Craddock[3] ocasionaron este reencuentro, ya que sus teorías motivaron a varios profesores de predicación a buscar nuevas maneras de predicar sermones inductivos.

En su búsqueda, estos expertos comprendieron que la narración de historias es una actividad inductiva por naturaleza. Podemos definir el sermón narrativo como aquel que presenta el mensaje de un texto bíblico por medio de la narración. Es decir, este sermón transmite el mensaje del evangelio por medio de historias. Como indicamos anteriormente, la estructura básica de la narración —marco escénico, trama, punto culminante y desenlace— es inductiva por naturaleza. Un buen narrador no comienza anunciando el tema central de la historia que va a contar. ¡Todo lo contrario! La idea central de una narración queda clara solo cuando se llega al punto culminante o la conclusión del relato.[4] En este sentido, podemos afirmar que la función principal del sermón narrativo es involucrar a la

---

[3] El libro editado por Gail R. O'Day y Thomas G. Long, *Listening to the Word: Studies in Honor of Fred B. Craddock* (Escuchando al mundo: estudios en honor a Fred. B. Craddock) recalca el impacto de Craddock en la homilética norteamericana contemporánea.

[4] Para una introducción a la predicación narrativa, vea el libro editado por Edmund A. Steimle, Morris J. Niedenthal y Charles L. Rice (1980): *Preaching the Story* (Predicando la historia), Philadelphia, EE. UU., Fortress Press.

audiencia en la narración de tal manera que pueda identificarse con la historia, experimentando así el mensaje del texto.

Un excelente ejemplo de la función del sermón narrativo es el estilo de predicación narrativa usado en las iglesias afroamericanas.[5] Este estilo de predicación entrelaza las historias bíblicas con la historia del pueblo afronorteamericano, produciendo así sermones contextualizados. Por ejemplo, recuerdo con claridad un sermón sobre Oseas predicado por el Rvdo. William Hannah varios años atrás. En este sermón, Oseas era un esclavo liberto que tenía un humilde huerto en el sur de los Estados Unidos. Este Oseas viaja a un pueblo cercano para vender su cosecha. Allí, en la plaza pública, encuentra a la que había sido su esposa lista para ser vendida como esclava. Entonces, dejando a un lado el hecho de que su esposa lo había abandonado por adúltera, la compra para darle su libertad.

El sermón narrativo tiene cuatro secciones principales. Estas son:

1. Marco escénico: En esta sección, se presentan los personajes principales de la historia y se describe el ambiente en el cual se desarrolla la acción.
2. Trama: La trama comienza cuando se describe el problema, el conflicto o la discrepancia que dará pie a la acción. En una historia, el problema es lo que define la forma en que los personajes se relacionarán tanto entre sí como con su ambiente. A partir de dicho problema, surgen las situaciones que van complicándose, aumentando así la tensión narrativa. Por ejemplo, en el caso de la parábola del hijo pródigo, la trama comienza cuando el hijo menor le pide a su padre que le dé su parte de la herencia en vida. El resto de la acción se desarrolla a partir del conflicto que causa la irrespetuosa petición del joven.

---

[5] Para una introducción al fascinante mundo de la predicación afroamericana, véase a Henry H. Mitchell (1970): *Black Preaching* (Prédica negra), San Francisco, EE. UU., Harper and Row, Publishers.

3. Punto culminante: Es el momento donde la tensión narrativa llega a su punto más alto. En la parábola del hijo pródigo, el punto culminante es el encuentro entre el Padre y el hijo que vuelve arrepentido.
4. Desenlace: Es el punto donde el problema se resuelve —sea de manera positiva o negativa— y se disipa la tensión narrativa.

El sermón narrativo es una forma relativamente sencilla que apela tanto a grandes como a chicos. Claro está, mientras más conocimiento se tenga del contexto histórico y del ambiente social de las Escrituras, más fácil será comprender y presentar este tipo de sermón.

3. El «ojal de Lowry»

Está claro que no todos los textos bíblicos se prestan a elaboraciones narrativas como la descrita en el párrafo anterior. La Biblia contiene mucho material discursivo, material que no es tan manejable como la poesía y la narración. Ahora bien, el hecho de que un texto no tenga una estructura narrativa no quiere decir que nuestro sermón tenga que carecer de trama y de movimiento.

Eugene Lowry ha diseñado una forma sermonaria llamada el *Lowry loop*, frase que traduzco aquí como el «ojal de Lowry». Esta es una forma sermonaria que ayuda al predicador a darle sabor narrativo al sermón.[6] Lowry indica que toda historia comienza con un problema o discrepancia. Este problema se analiza, sopesando varias opciones, hasta que se encuentra la clave para la solución del problema. Entonces se procede a solucionar

---

[6] Lowry explica esta metodología en *The Homiletical Plot: The Sermon as Narrative Art Form* (El argumento homilético: el sermón como una forma de arte narrativo); y en *Doing Time in the Pulpit: The Relationship Between Narrative and Preaching* (Haciendo tiempo en el púlpito: la relación entre la narrativa y la predicación).

la Sobre la importancia de la narración en esta tradición, consúltese a James Earl Massey, Designing the Sermon: Order and Movement in Preaching, Abingdon Press, Nashville, pp. 35-49. discrepancia y se visualiza el futuro de una manera distinta. El modelo sermonario de Lowry emplea estos mismos movimientos para darle calidad narrativa al sermón. Por esta razón, el «ojal de Lowry» sigue la siguiente estructura:

1. Alterar el equilibrio: Esta es la introducción del sermón. Su propósito es presentar un problema, un conflicto o una discrepancia que mueva la «trama» del sermón.
2. Analizar las opciones: La segunda parte describe, presenta o explora distintas opciones para resolver el problema presentado en la sección anterior.
3. Revelar la clave para la solución: En esta sección, se escoge la alternativa que presentaremos como la solución al problema. También se explicarán los criterios utilizados para seleccionar esta alternativa sobre las demás.
4. Experimentar el evangelio: El propósito de esta sección es presentar las bases bíblicas y teológicas del sermón. Esta debe ser la sección más extensa de todo el sermón.
5. Anticipar las consecuencias: Esta es la conclusión del sermón. Su propósito es visualizar el futuro a la luz de la solución sugerida.

El «ojal de Lowry» es una forma especialmente útil para darle sabor narrativo a sermones sobre textos bíblicos discursivos. Aunque es un tanto difícil de dominar, es una herramienta que todo predicador debe conocer. El sermón incluido en el décimo capítulo de este libro sigue esta forma sermonaria.

4. Sermones basados en los movimientos del texto

Si bien la opción narrativa es llamativa, muchos estudiosos de la homilética moderna han centrado sus estudios en el análisis de la forma, la estructura literaria y el desarrollo del argumento de los textos bíblicos. Uno de los modelos más llamativos ha sido propuesto por David Buttrick,[7] quien afirma que el estudio del texto revela tanto su estructura literaria como sus «movimientos», es decir, los episodios o las unidades de sentido que componen el pasaje. Para Buttrick, la tarea del predicador consiste en descubrir la estructura del texto con el propósito de diseñar sermones que reflejen estos movimientos.

Tomemos a manera de ejemplo el salmo 40. Este es un cántico difícil de clasificar, ya que su estructura literaria es diferente a la de los salmos de lamentación y la de los salmos de acción de gracias. Por un lado, los salmos de lamentación —como el 5 o el 56— comienzan con un grito de dolor que expresa la tristeza y el sufrimiento del salmista. Sin embargo, todos —excepto el salmo 88— terminan con palabras de confianza, con expresiones de alabanza. Por otro lado, en los salmos de acción de gracias —como el salmo 30—, el salmista testifica cómo Dios lo ha librado del mal y de la muerte.

El salmo 40 sigue su propio rumbo. Comienza testificando cómo Dios sacó al salmista del «pozo», es decir, cómo lo libró de la muerte (v. 2). Esta nota de alabanza continúa hasta el versículo 10. Hasta aquí el salmo parece un cántico de acción de gracias. Sin embargo, a partir del versículo 11, el tono del salmo se torna gris. La alabanza del salmista se convierte en una oración desesperada. Este termina pidiéndole a Dios que no tarde en librarlo del nuevo mal que lo aflige. La diferencia entre la primera parte del salmo y la segunda es tan tajante que algunos estudiosos afirman que cada sección es un fragmento de algún salmo perdido.[8]

---

[7] David Buttrick expone su método en *Homiletic: Moves and Structure* (Homilética: movimientos y estructura), Philadelphia, EE. UU., Fortress Press (1987).

[8] De hecho, los versículos 13 al 17 son casi idénticos al Salmo 70.

Ahora bien, si prestamos atención a las unidades de sentido o «movimientos» del salmo, encontraremos la siguiente estructura:

1. El salmista comienza alabando a Dios por la manera en que lo ha librado de graves males y peligros en el pasado (vv. 1-10).
2. Hoy la vida del salmista se encuentra otra vez en peligro (vv. 11-12).
3. Sin embargo, el salmista confía en que el Dios que lo salvó en el pasado volverá a socorrerlo una vez más (vv. 13-17).

Podemos diseñar un sermón sobre el salmo 40 que siga el argumento del cántico. Cada uno de estos «movimientos» puede convertirse en una sección del cuerpo o desarrollo del sermón.

1. Primer movimiento: Dios nos ha librado de varios males en el pasado.
2. Segundo movimiento: Sin embargo, hoy estamos experimentando problemas nuevos.
3. Tercer movimiento: No debemos desfallecer ante los nuevos problemas, dado que el mismo Dios que nos libró en el pasado bien puede socorrernos una vez más.

Como podemos ver, el bosquejo resultante es claramente bíblico, pues refleja con fidelidad el sentido de los distintos movimientos del salmo. Podemos usar una metodología similar para predicar sobre casi cualquier texto del Antiguo o del Nuevo Testamento.

IV. Consejos prácticos

Con toda seguridad, las nuevas propuestas metodológicas resumidas en la sección anterior provocarán mucho interés.

Sin embargo, ¿cómo podemos ponerlas en práctica? ¿Cómo podemos comenzar a evaluar nuestro estilo de predicación? ¿Cómo podemos incorporar cambios y adoptar nuevos estilos homiléticos? A continuación ofrezco siete consejos prácticos que espero faciliten estos procesos de adaptación y cambio.

1. Domine el sermón tradicional

Antes de lanzarse a practicar las formas avanzadas de predicación, es necesario dominar las formas básicas. En este caso, entiendo que todo predicador o predicadora debe saber bosquejar el sermón tradicional. Lo que es más, todo predicador o predicadora debe predicar sermones tradicionales con cierta regularidad, dado que hay personas que tienen mucha dificultad para comprender los sermones que siguen las formas avanzadas discutidas anteriormente.

Recuerdo que una de mis estudiantes servía como pastora de una congregación donde la mayor parte de los feligreses eran personas mayores, que pasaban de 65 años de edad. Aunque la mayoría pudo adaptarse al estilo creativo de la predicadora, uno de los líderes de la iglesia se quejaba de que la pastora solo «contaba cuentos» que él no consideraba como palabra de Dios. Siguiendo mis consejos, la pastora comenzó a predicar un sermón de bosquejo tradicional una vez al mes. Eso fue de gran bendición tanto para el quejoso como para otras personas que, aunque habían guardado silencio, extrañaban la familiaridad del sermón tradicional.

2. Alterne las formas básicas

A mi juicio, hay cuatro formas básicas de predicación: el sermón expositivo, el narrativo, el temático y el sermón de ocasión especial. El predicador o la predicadora que desee cultivar sus talentos en el púlpito debe dominar estas formas básicas. Además, debe alternarlas constantemente, combinando los distintos tipos de sermones en su plan de predicación. Por ejemplo, si durante los pasados dos domingos usted ha predicado sermones expositivos, predique un sermón narrativo el tercer domingo. Otra alternativa es predicar un sermón temático sobre alguna doctrina cristiana todos los meses. Puede hablar del carácter de Dios, de la obra del Espíritu Santo, de la salvación, de la segunda venida de Jesucristo o sobre el significado del bautismo. Lo importante es combinar estilos homiléticos y formas sermonarias que apelen a distintas personas en nuestra congregación.

No debemos olvidar que cerca de la cuarta parte de los mensajes que se predican durante un año son sermones de ocasión. El día de Navidad no es momento para hablar del significado de la Santa Comunión o de la doctrina del pecado. Utilice los días especiales del calendario cristiano y los días festivos del calendario civil para ayudar a la gente a reflexionar teológicamente sobre los temas que evocan estas celebraciones. Una boda no es el momento adecuado para predicar un sermón de propósito evangelístico, pero es el evento perfecto para definir lo que es el amor y para examinar nuestra vida familiar.

3. Practique distintos métodos para presentar el sermón

Del mismo modo que un atleta debe practicar su deporte, quienes predican deben practicar distintos métodos para la presentación del sermón. Las cinco formas básicas de presentación son:

1. Lectura de un manuscrito completo: En muchas tradiciones cristianas, quienes predican escriben un manuscrito completo de su sermón. Durante el culto, proceden a leer el manuscrito desde el púlpito. Claro está, esta es una lectura dramatizada donde la persona que

predica debe mantener contacto visual con la congregación. Por lo tanto, existen técnicas que es necesario conocer y practicar para poder leer un manuscrito de sermón de forma correcta.
2. Uso de un bosquejo largo: La inmensa mayoría de los predicadores y las predicadoras llevan al púlpito un bosquejo largo. Para obtener un buen bosquejo, debe escribir toda la introducción y toda la conclusión del sermón, tal como lo haría para un manuscrito completo. Lo que se bosqueja, en realidad, es el cuerpo o desarrollo del sermón. Recuerde usar oraciones completas, con sujeto y predicado. Las frases cortas presentan un peligro, ya que uno puede olvidar su significado con el paso del tiempo, haciendo que el bosquejo termine siendo inútil.
3. Uso de un bosquejo corto: Un bosquejo corto resume también las ideas centrales de la introducción y de la conclusión. Es una técnica útil para sermones en cultos en hogares o al aire libre, donde es difícil usar un cuaderno de notas. Una vez más, el peligro de esta técnica es usar frases y oraciones tan cortas que sea imposible recordar las ideas centrales del sermón pocas semanas después de escribir el bosquejo.
4. Resumen con palabras clave: Una de las técnicas más efectivas, pero menos usadas, consiste en llevar al púlpito una lista de diez a doce palabras clave que resumen el contenido del sermón. El uso correcto de esta técnica requiere la redacción del manuscrito completo del sermón. Después que usted escribe su sermón completo —como si fuera a leerlo ante la iglesia—, lo repasa varias veces y termina escribiendo su lista de palabras clave. Al combinar ambas técnicas, obtendrá un resultado excepcional. Por un lado, tendrá la precisión que solo se alcanza cuando se escribe un manuscrito completo. Por

otro lado, tendrá la libertad de movimiento que solo se alcanza cuando uno predica sin notas.

5. **Predicación sin notas**: En algún momento, todo predicador y toda predicadora debe hablar sin notas ante una audiencia. De hecho, hay lugares que exigen el uso de esta técnica. Por ejemplo, es muy difícil predicar en un cementerio con un cuaderno de notas en las manos. En estas situaciones, se debe tener claro el bosquejo del sermón en nuestra mente. En mi caso, uso esta técnica con sermones narrativos, ya que la misma historia bíblica me da el bosquejo del sermón. Algo similar ocurre cuando uno predica sermones sobre un solo versículo de la Biblia, ya que la misma estructura del texto puede servir de bosquejo.

Recomiendo, pues, cultivar todas estas técnicas. Es necesario practicarlas y alternarlas, hasta que uno se sienta tan cómodo predicando con un manuscrito completo como con un bosquejo mínimo. Del mismo modo, es crucial repasar las notas del sermón antes de la predicación, preferiblemente antes de comenzar el servicio de adoración. Lo más recomendable es practicar el sermón en voz alta, como si uno estuviera predicando ante la congregación. Quien predica debe adorar a Dios junto a la congregación; no debe pasar el servicio leyendo o repasando sus notas.

4. Busque materiales sobre predicación avanzada

Los libros sobre predicación avanzada en castellano brillan por su ausencia. Fuera de los libros de Cecilio Arrastía, hay pocos recursos para quienes desean trascender el sermón de diseño tradicional. Por eso, hace varios años comencé un portal electrónico o *website* llamado «www.predicar.org». Allí usted podrá encontrar artículos sobre el tema y, mejor aún, manuscritos, bosquejos y grabaciones de sermones que se apartan de la ruta tradicional.

Otras organizaciones, tales como el Concilio Latinoamericano de Iglesias, también mantienen páginas electrónicas con recursos para la predicación, la adoración y la enseñanza.

Cuando usted lea un manuscrito o bosquejo de sermón, hágalo en voz alta. Los sermones se escriben para el oído, no para el ojo. Por lo tanto, si usted lee uno de los sermones de Arrastía o alguno de los que están al final de este libro, hágalo en voz alta, con entonación y sentimiento, como si estuviera predicándolo ante una congregación. De hecho, es preferible escuchar un sermón a leerlo. Recomiendo, pues, que trate de escuchar o de ver sermones modelo grabados en servicios de adoración. Esto tendrá un impacto mucho mayor en usted, permitiéndole comprender la metodología avanzada de forma integral. Mientras más sentidos usted involucre en el proceso educativo, mejor comprenderá estos nuevos métodos para la predicación cristiana.

5. Tome un taller o un curso avanzado

Si usted desea mejorar su predicación, debe participar en un taller de predicación avanzada o debe tomar un curso avanzado de predicación en un seminario local. Algunos seminarios tienen programas de educación a distancia que posibilitan el estudio de estos temas a través de libros individualizados, de grupos de colegas o de portales electrónicos en Internet. Si ha de tomar uno de estos cursos, asegúrese de que la persona recurso domine el tema. Sería frustrante gastar tiempo y dinero solo para escuchar los mismos principios del sermón tradicional que usted estudió años atrás.

Si en su ciudad o país no hay programas de educación continuada disponibles, usted bien puede hablar con otros ministros, con la alianza ministerial local o con el cuerpo directivo de alguna escuela teológica para pedirle que organicen un taller o un curso sobre predicación avanzada. Durante los pasados años, he visitado varias ciudades estadounidenses y varios países latinoamericanos para ofrecer cursos de predicación avanzada y de predicación narrativa. Con toda seguridad, usted podrá encontrar una persona que sea un buen recurso para un evento educativo sobre el tema.

6. Ofrezca un curso de predicación para laicos

En ocasiones, la mejor forma de aprender algo es enseñándolo. Por esta razón, lo exhorto a que organice un taller o un curso de predicación para el liderazgo laico de su congregación. La preparación y presentación de un curso como este lo obligará a investigar el tema, a leer más sobre la predicación, a organizar sus ideas, a preparar conferencias y a explicar todas estas ideas ante un grupo de líderes. Le aseguro que al terminar el curso usted tendrá mucha más seguridad en el púlpito, habiendo repasado las bases de la predicación cristiana.

Otra ventaja de esta opción es que lo forzará a evaluar los sermones de práctica de sus estudiantes, ayudándole a afinar su oído homilético. Si ha de evaluar sermones, recomiendo que preste atención al bosquejo y al flujo de las ideas que sus estudiantes presenten desde el púlpito.

7. Atrévase a experimentar

El dominio de la técnica tradicional y el estudio de las ideas nuevas deben animarlo a experimentar con nuevas formas sermonarias y estilos homiléticos novedosos. Puede comenzar a modificar la forma de sus sermones usando las siguientes técnicas:

1. Escriba la idea central del sermón al final del bosquejo: En vez de comenzar el sermón enunciando su tema o idea central, coloque dicha idea al final del sermón, específicamente en la conclusión. Desarrolle la introducción y el cuerpo del sermón de manera que conduzcan a la idea central.

2. Comparta con la audiencia el proceso de preparación sermonaria: Cuando prepara su sermón, usted estudia el texto hasta encontrar un tema que pueda servir como idea central del sermón. Este proceso es, claro está, inductivo. Por lo tanto, usted puede darle movimiento inductivo a su sermón si le explica a la audiencia cómo encontró su tema central.
3. Dele voz a las dudas de la audiencia: Como indiqué anteriormente, uno de los problemas del sermón tradicional es su sabor autoritario. Al comenzar enunciando un tema, no da espacio para dudas o preguntas. Para corregir este defecto, usted puede desarrollar sermones que reconozcan las dudas y las preguntas que pueda tener la congregación sobre distintos temas bíblicos y teológicos.
4. Comparta sus propias dudas y temores: La gente postmoderna duda de quienes se presentan a sí mismos como «expertos» que tienen todas las respuestas. Piensan que la gente que siempre tiene «la» respuesta correcta está mintiendo, dado que el mundo es muy complejo para que una sola persona o un solo sistema de pensamiento tengan respuestas a todos los problemas. Por lo tanto, no tema reconocer que tiene dudas sobre algo o que batalla con algunos temas. Esto no le restará autoridad. Por el contrario, su congregación comenzará a verlo como una persona que también está buscando respuestas en un mundo convulso.
5. Predique sermones narrativos: Las historias, por naturaleza, tienen movimiento inductivo. Comienzan presentando un problema y se mueven a su resolución. Predicar sermones inductivos le ayudará a comprender la diferencia entre el movimiento inductivo y el movimiento deductivo del sermón tradicional.
6. Predique alguno de los sermones modelos incluidos en este libro: Algunos de mis estudiantes comenzaron a

experimentar con formas inductivas predicando algunos de los manuscritos y bosquejos que ofrecí en clase como sermones modelos. Siéntase, pues, en libertad de predicar ante su congregación cualquiera de los sermones incluidos a partir del noveno capítulo de este libro. Adáptelos a su audiencia y a la ocasión elegida. Evalúe la respuesta de la congregación a estas nuevas formas sermonarias.

7. Siga alguno de los modelos reseñados en este capítulo: Siéntase en la libertad de tomar alguno de los modelos de Craddock o de Lowry como modelos para sus propios sermones inductivos. Con el tiempo, usted podrá desarrollar sus propias formas inductivas.

V. Conclusión

Jesucristo dijo que el vino nuevo necesita odres nuevos (Mt. 9:17). Con esta frase, afirmó que los nuevos contenidos requieren de nuevas estructuras. Lo exhorto, pues, a ver el sermón inductivo como un «odre nuevo» que puede ser un vehículo efectivo para comunicar la reflexión bíblica y teológica que la Iglesia de Jesucristo está haciendo a comienzos de este nuevo milenio.

CAPÍTULO 8

Cómo planear la predicación

I. Introducción

A la hora de planificar nuestra predicación, nos encontramos ante una disyuntiva. Por un lado, la predicación, debe responder a las necesidades de la congregación en particular y de la comunidad en general. En este sentido, podemos afirmar que la predicación debe planificarse de acuerdo a las metas y los objetivos que guían a una congregación en su trabajo. Pero por otro lado, debemos recordar que las iglesias locales no son autónomas, sino que forman parte de la Iglesia Universal. En este sentido, podemos afirmar que nuestra predicación debe planificarse en torno al Calendario Eclesiástico que hermana a toda la cristiandad.

Cuando hablamos del Calendario Eclesiástico, nos referimos a la secuencia de eventos y días especiales que la Iglesia observa durante el año. Conocido también como el «año cristiano», el «calendario litúrgico» o «calendario eclesial», el año cristiano surge de los ciclos de lecturas bíblicas, temporadas y festivales del judaísmo del tiempo de Jesús. El primer cambio que hizo la Iglesia fue establecer el domingo como el día de culto. El calendario está organizado alrededor de los distintos domingos de cada año.

Las fechas más importantes del año cristiano son el día de Navidad y el de Resurrección. Ambas son precedidas de temporadas de preparación y seguidas por temporadas de celebración. La temporada de adviento prepara la Iglesia para el día de Navidad, y la temporada de Epifanía continúa la celebración. Del mismo modo, la Cuaresma prepara la Iglesia para la Semana Santa, y la temporada de Pentecostés la continúa. El año cristiano comienza en noviembre, específicamente el primer domingo de adviento, y termina con el domingo que celebra a Cristo Rey.

II. Tipos de planificación

Volvamos por un momento al problema planteado en el párrafo inicial. Cada uno de los polos de la disyuntiva allí mencionada sugiere una manera de planificar nuestra predicación. Aquellas personas que desean prestar atención a las distintas épocas y celebraciones del Calendario Eclesiástico prefieren planificar su predicación mediante el uso de un leccionario. Por su parte, las personas que centran su atención exclusivamente en las necesidades de la iglesia local prefieren escoger personalmente los textos bíblicos y los temas que expondrán en su predicación para responder únicamente a las necesidades específicas de los feligreses. A continuación exploraremos estas alternativas de planificación sermonaria.

1. Los leccionarios[1]

Los leccionarios son las listas de porciones bíblicas que han de ser leídas durante los servicios de adoración de una iglesia

---

[1] Para una introducción exhaustiva al tema, véase a William Skudlarek (1981): *The Word in Worship: Preaching in a Liturgical Context* (El mundo en adoración: predicando en un contexto litúrgico), Nashville, EE. UU., Abingdon Press; y a Eugene L. Lowry (1992): *Living with the Lectionary: Preaching through the Revised Common Lectionary* (Viviendo con el leccionario: prédica a través del leccionario común revisado), Nashville, EE. UU., Abingdon Press.

o denominación dada.² Estos leccionarios pueden publicarse en varios formatos. En algunas ocasiones, son tan sencillos como una lista de lecturas para cada día de culto. En otras, las ediciones incluyen la impresión de las porciones bíblicas para ser leídas. Debemos aclarar que nos estamos refiriendo a los leccionarios en plural porque diversas iglesias y denominaciones emplean diferentes versiones. El nuevo leccionario de la Iglesia Católica Romana fue creado después del Segundo Concilio Vaticano en el 1963. A partir de la publicación de este nuevo leccionario, varias denominaciones protestantes estadounidenses y europeas comenzaron a usarlo con provecho.³ Sin embargo, encontraron que contenía lecturas de los libros deuterocanónicos —que la mayor parte de las denominaciones protestantes no consideran inspirados.

De este modo, quedó claro que era necesario hacer una nueva revisión para poder usar dicho leccionario en congregaciones protestantes. La primera versión de esta revisión —conocida como el Leccionario Común— se publicó en el 1983. A partir de esa fecha, dicho leccionario fue examinado y usado por varias denominaciones. Finalmente, en 1992 se publicó la versión más reciente de lo que se conoce hoy como el Leccionario Común Revisado (que en adelante abrevio como LCR).⁴ Este leccionario tiene las siguientes características:

1. El LCR presupone el uso del Calendario Eclesiástico. Las lecturas nos ayudan a celebrar las temporadas de

---

[2] *Concise Encyclopedia of Preaching* (Enciclopedia concisa de predicación) [CEP], editado por William H. Willimon y Richard Lischer, Louisville, EE. UU., Westminster/John Knox Press (1995), s.v. «*Lectionary*» (leccionario), por Reginald H. Fuller, p. 304.

[3] La iglesia anglicana o episcopal tiene su propio leccionario, que forma parte del Libro de Oración Común.

[4] Para una breve historia del desarrollo del Leccionario Común Revisado, véase a Horace C. Allen (1995): «*Introduction: Preaching in a Christian Context*» («Introducción: la prédica en un contexto cristiano») en *Handbook for the Revised Common Lectionary* (Manual para el leccionario común revisado), editado por Peter C. Bower, Louisville, EE. UU., Westminster/John Knox Press, pp. 1-10.

Adviento, Navidad (Epifanía), Cuaresma (que culmina en la Semana Santa), Resurrección, Pentecostés y el tiempo normal u ordinario (también llamado la Temporada del Reino). En ocasiones las lecturas nos ayudan a recordar los eventos que la Iglesia debe conmemorar en estas épocas. En otras, nos ayudan a predicar sobre los temas centrales de cada temporada.

2. El LCR ofrece tres lecturas bíblicas para cada domingo. Por regla general, estas porciones bíblicas provienen de Antiguo Testamento, las Epístolas y los Evangelios. Note que decimos «por regla general» porque en algunas fechas —principalmente en Cuaresma—, se leen porciones del libro de los Hechos de los Apóstoles y del Apocalipsis en vez de las respectivas lecturas del Antiguo Testamento y las Epístolas. La persona asignada para predicar debe escoger el texto básico para su sermón de entre las tres porciones sugeridas. Sin embargo, debe quedar claro que la lectura de los Evangelios ocupa el lugar central en el LCR. Contrario a la creencia ampliamente difundida, las lecturas no están coordinadas de acuerdo a un tema en particular. Es decir, las tres lecturas no desarrollan el mismo tema. Por regla general, en lo que se conoce como el «tiempo normal u ordinario» —desde el domingo después de Pentecostés hasta en domingo antes de la temporada de Adviento entre Pentecostés—, cada lectura desarrolla un tema independiente. Del mismo modo, durante las temporadas de Adviento, Navidad, Cuaresma y Resurrección la lectura de la Epístola propone su propio tema, mientras que la del Antiguo Testamento guarda cierta relación temática —tipológica o profética— con la de los Evangelios.

3. El LCR también sugiere la lectura de una porción del libro de los Salmos para cada domingo. Sin embargo, dicha «lectura» funciona como una oración o un himno,

no como un texto en el cual basar el sermón. En este sentido, el LCR presupone que no fomenta la predicación de los Salmos.
4. El LCR lee la Biblia en forma sistemática. Es decir, las porciones de los libros sagrados se leen en secuencia. El orden de los textos se puede seguir capítulo por capítulo, formato conocido como la *lectio continua*. Este formato se emplea mayormente en las lecturas de los Evangelios. Sin embargo, en la mayor parte de los casos, las lecturas omiten algunos versículos o pasajes bíblicos, este formato se conoce como la *lectio semi-continua*.
5. El LCR es cristocéntrico, ya que está organizado en torno al nacimiento, ministerio, pasión, muerte y resurrección de nuestro Señor Jesucristo. Este carácter cristocéntrico se ve tanto en la centralidad de la lectura del evangelio como en su organización en torno al Año Litúrgico.
6. El LCR es cíclico, es decir, repite las lecturas periódicamente. El LCR está dividido en tres años, conocidos como los años A, B y C. El año eclesiástico comienza con la temporada de Adviento, esto es, el cuarto domingo antes del día de Navidad. La característica principal de cada año del leccionario es su uso de los Evangelios. El Evangelio de Mateo se lee durante el año A; Marcos y Juan en el B; y Lucas en el C. Ahora bien, debemos aclarar que el LCR también ofrece lecturas para fechas especiales, tales como la Semana Santa. En dichas fechas, casi siempre se leen porciones del Evangelio de Juan.
7. El LCR es selectivo. Mientras algunos libros de la Biblia se leen casi en su integridad, otros se leen poco, y aun otros se omiten. Por ejemplo, no contiene lecturas de Esdras, ni de Nahúm ni de 1 o 2 Juan.

El uso del LCR presenta las siguientes ventajas para las personas dedicadas al ministerio de la predicación.[5]

1. La mayor ventaja del LCR es que fomenta la lectura, el estudio y la predicación de la Biblia como el documento central para la fe cristiana.
2. El uso del LCR simplifica la preparación del sermón, pues la persona que ha de predicar no pierde tiempo buscando un texto o un tema sobre el cual predicar.
3. Las lecturas del LCR están diseñadas tanto para informar la predicación como para orientar el diseño de nuestros servicios de adoración. Por lo tanto, su uso nos ayuda a coordinar el tema de la predicación con el tema del servicio y con el tema de la temporada indicada del Año Litúrgico.
4. El LCR promueve la variedad en la predicación, ya que obliga a quien predica a leer una gran variedad de textos bíblicos. En cierto modo, el uso del leccionario evita que el predicador o la predicadora caigan en la rutina de predicar solo ciertos temas de ciertos de libros de la Biblia. El LCR nos obliga a prestarle atención a toda la Escritura.
5. El LCR también nos obliga a ver los puntos de contacto entre distintos pasajes bíblicos.[6] El leccionario logra este objetivo de dos maneras distintas. Por un lado, la lectura secuencial de las Escrituras nos ayuda a comprender el orden de los eventos o el desarrollo de los argumentos de los documentos bíblicos. Por otro, la coordinación temática entre las lecturas del Antiguo Testamento y los Evangelios nos ayudan a comprender que, en cierto

---

[5] En esta sección, seguimos a CEP, s.v. «*Lectionary Preaching*» (prédica del leccionario), por Karen B. Westerfield Tucker, pp. 305-307

[6] Justo L. y Catherine G. González: *Liberation Preaching: The Pulpit and the Oppressed* (Sermón de liberación: el púlpito y el opresivo), p. 39.

nivel, el Nuevo Testamento es una reinterpretación cristológica de las escrituras hebreas.

6. El LCR es un símbolo de la unidad de la Iglesia universal de Jesucristo sobre la faz de la tierra.[7] Es conmovedor pensar que —en un mismo domingo— hay miles de predicadores exponiendo el mensaje de los mismos textos bíblicos en miles de congregaciones cristianas alrededor del planeta.

7. El uso del LCR presenta interesantes oportunidades de colaboración interdenominacional.[8] Por ejemplo, si en una ciudad dada hay cinco ministros de distintas denominaciones usando el LCR, estos pueden reunirse mensualmente para discutir las lecturas sugeridas por el leccionario, compartiendo ideas y temas para sermones. Además, el LCR estimula la publicación de materiales que ayuden a las personas que predican a diseñar sus sermones. Estas ayudas pueden ser muy útiles para todo ministro, especialmente para aquellos cuyos compromisos familiares y laborales no les permiten dedicar el tiempo adecuado al estudio y la investigación.

No obstante, el uso del leccionario también puede presentar ciertas desventajas para quienes desempeñan el ministerio de la predicación.

1. El uso del leccionario puede desviar nuestra atención de problemas agudos y asuntos importantes tanto en la vida de nuestra congregación como en nuestra comunidad. Por ejemplo, en el 1992 hubo una serie de disturbios raciales en los Estados Unidos en reacción a la exoneración de los policías de trasfondo angloeuropeos que golpearon salvajemente a Rodney King, un motorista

---

[7] Lowry, *Living* (Viviendo), pp. 31-32
[8] Ibíd., pp. 30-31.

afroamericano. Poco después de estos disturbios, una profesora de homilética llamó a varios ministros de su región para preguntarle si habían incluido referencias a los disturbios en sus sermones. La mayor parte de los predicadores indicaron que no habían tocado el tema. Cuando la investigadora preguntó por qué, los pastores contestaron que ellos «usaban el leccionario».

2. En ocasiones, el leccionario omite la lectura de textos que tratan temas sumamente importantes para las mujeres y las minorías étnicas.[9] También tiende a omitir aquellos textos que tratan el tema de la sexualidad humana. Por ejemplo, el LCR sugiere solamente dos lecturas del libro de Ruth —1:1-18 y 3:1-5; 4:13-17— en domingos sucesivos del tiempo ordinario del Año B. Este libro trata temas muy importantes, tales como el lugar de la mujer en el reino de Dios, los derechos de las personas desamparadas, la inmigración, el derecho al trabajo y la sexualidad, entre otros. Dos domingos apenas nos dan oportunidad para hacerle justicia a la riqueza de este hermoso texto.

3. El propósito principal del leccionario es más litúrgico que homilético.[10] Es decir, el leccionario busca orientar la celebración del culto cristiano de acuerdo a las diversas temporadas del Calendario Eclesiástico. En este sentido, quienes usan el leccionario para orientar su predicación pueden sentir que, en ciertas ocasiones, parece un programa de educación cristiana más que otra cosa.

4. Por más que el comité que escogió las lecturas del leccionario diga y repita que por regla general no hay

---

[9] González y González, *Liberation preaching* (Sermón del liberación), pp. 40-45.
[10] Lowry, *Living* (Viviendo), pp. 15-16.

unidad temática entre las porciones bíblicas sugeridas para un día dado, muchas personas presuponen que dicha unidad existe. El mero hecho de que las lecturas hayan sido escogidas para un día en específico, hace que varias personas que practican el arte de la predicación crean que deben explicar o mencionar todas las lecturas en su sermón. Este tipo de conexiones superficiales[11] a veces llega a lo ridículo, cuando un predicador se esfuerza en encontrar unidad donde no la hay.

5. Otro aspecto relacionado con las conexiones superficiales es el uso impropio del Antiguo Testamento.[12] En algunas ocasiones, la supuesta correlación temática entre las lecturas de las escrituras hebreas y los Evangelios es tenue y hasta forzada. Además, debemos recordar que el Antiguo Testamento es palabra de Dios para nosotros hoy, aun cuando no hagamos una lectura cristológica de él.

6. Finalmente, la rigidez del leccionario puede limitar nuestra capacidad para diseñar y predicar series de sermones sobre textos o temas pertinentes para la congregación. De hecho, el mayor peligro que presenta el uso del leccionario es que dicha rigidez puede hacernos caer en una rutina. Por ejemplo, hay quienes predican cada domingo únicamente de la lectura del Evangelio para el día. Como dicha lectura sigue el formato de la *lectio continua*, podemos terminar predicando sermones repetitivos sobre temas y textos muy parecidos entre sí.

Antes de terminar esta sección, debo dejar claro que hasta la persona más rigurosa en la observación del leccionario deberá alejarse de este en ciertas ocasiones. Esto le permitirá predicar sobre temas pertinentes para el bienestar de la

---

[11] Ibíd., pp. 20-22.
[12] Ibíd., pp. 22-24.

congregación o desarrollar series sobre textos que el leccionario no toca cabalmente.

2. La planificación local

La alternativa principal al uso del leccionario es la planificación local. Esta opción llama a quien predica a escoger los textos y los temas de la predicación tomando en cuenta principalmente las necesidades de la iglesia local. A continuación discutiremos algunos elementos que se deben considerar a la hora de programar localmente la predicación.

1. El Año Cristiano: Todas las iglesias y las denominaciones cristianas —hasta aquellas que no usan el leccionario— celebran algunas de las distintas temporadas del Año Cristiano. Por ejemplo, todas celebran Navidad y Semana Santa. Además, todas observan los días más significativos del Calendario Cristiano, días tales como el Viernes Santo o el día de Pentecostés. Por lo tanto, las personas que desean programar su propio calendario de predicación deben tener en cuenta las distintas temporadas y días especiales del Año Litúrgico.
2. Días y ocasiones especiales: Muchas iglesias observan fechas que no forman parte del Año Litúrgico. Fechas tales como el día de la Reforma, el día de las madres y la Semana de la familia forman parte de la vida de la Iglesia. El calendario de predicación local debe tomar en cuenta estas fechas especiales.
3. El plan general de trabajo de la iglesia: Cada iglesia local debe tener un plan general de trabajo anual. En este plan, se deben trazar las metas, los objetivos y las estrategias de trabajo que la iglesia ha de seguir durante ese año. La predicación es una de las estrategias más útiles con las cuales cuenta una congregación para lograr sus metas y

sus objetivos. El programa de predicación local debe ser coherente con los planes y anhelos de la congregación.

4. La diversidad de la Escritura: Quizás el error más común que cometemos al programar nuestra predicación es limitarnos a usar, en particular, unos pocos libros de la Biblia. Hay quien solo predica de los Evangelios. Otros nunca predican sobre textos del Antiguo Testamento. Por otro lado, es innegable el lugar privilegiado que ocupan las Epístolas Paulinas en la predicación protestante. Este uso de un «canon dentro del canon» ocurre cuando predicamos solo de los textos que más nos gustan o aquellos con que más nos identificamos.

Aunque todos tenemos nuestras secciones bíblicas favoritas, el uso limitado de las Escrituras no le hace justicia a la diversidad de temas y de géneros literarios que contiene. Al diseñar el programa de predicación local debemos considerar la riqueza y la diversidad de la Biblia.

5. Variedad en la predicación: La predicación puede ser una disciplina excitante y renovadora si usamos diversas formas y diversos énfasis en nuestra predicación. Quien se limita a predicar solo un tipo de sermón tendrá un ministerio corto... y aburrido. En vez de limitarnos, podemos emplear diversos tipos de sermones y aun experimentar con algunas formas sermonarias novedosas. Así, un buen programa de predicación incluirá sermones expositivos, narrativos, temáticos, de ocasión, deductivos, inductivos, dialogados y de consejo pastoral, entre otros. Quien predica también puede variar los tópicos y los temas de su predicación. Hay quien solamente predica sermones evangelísticos; otros solo hablan del amor de Dios. Esta predicación repetitiva crea vacíos en nuestra congregación, vacíos que buscará llenar de alguna manera, ya sea oyendo programas religiosos en la radio o

visitando otras congregaciones. Un programa adecuado de predicación debe combinar distintos tipos de sermones con diversos tópicos y temas para darle variedad a nuestra planificación sermonaria.

6. Flexibilidad: Todo programa de predicación debe ser lo suficientemente flexible como para atender las situaciones imprevistas que ocurren ocasionalmente en una iglesia local y en la comunidad donde esta pueda encontrarse. Algunas de estas situaciones forzarán a la persona que predica a hacer cambios de última hora en el programa. Un buen programa de predicación local da espacio para atender situaciones imprevistas.

Al igual que el leccionario presenta ventajas y desventajas, la programación local tiene puntos atractivos y problemáticos. Veamos, pues, las ventajas que presenta desarrollar nuestro propio calendario de predicación.

1. Responde en forma más directa a las necesidades de la congregación.
2. Facilita la coordinación de la predicación con el programa general de trabajo de la iglesia.
3. Le da más flexibilidad al programa de predicación.
4. Promueve la predicación temática.
5. Da espacio a la creatividad de quien predica.

Podemos enumerar las siguientes desventajas de la programación local.

1. En general, la predicación programada localmente carece de continuidad bíblica, temática y teológica.
2. Existe el peligro de escoger un texto, porque se conoce de antemano su contenido.
3. Puede convertirse en una predicación donde la situación y el oyente siempre sean quienes pongan la agenda. Es decir, puede limitarnos a predicar sermones de ocasión

y sermones temáticos sobre los diversos problemas que aquejan a la congregación. Así pueden descuidarse otros tópicos como la evangelización y la educación cristiana.
4. En la planificación local, el énfasis recae en la iglesia y en la comunidad cercana a ella. Esto puede llevarnos a descuidar la perspectiva global tanto de los distintos temas teológicos como de los problemas que nos aquejan.
5. La crítica principal es que este método sustituye el Calendario Eclesiástico por el civil. En lugar de celebrar Adviento y Cuaresma, la iglesia termina celebrando el día de los enamorados o el día de la niñez.

III. Las series de sermones

La forma básica de programar localmente la predicación es mediante el uso de series de sermones. Una serie es la presentación sistemática de predicaciones sobre un tema en particular. La serie busca tratar en forma responsable un tema que no puede presentarse en un solo sermón. También se usa la serie para respaldar los distintos énfasis del programa de la iglesia. Aunque podríamos señalar diversas variantes, hay dos tipos básicos de series:

1. La serie bíblica: Aquí se presentan sermones unidos por su tratamiento de un texto bíblico o de un tema de la teología bíblica.
2. La serie temática: Esta presenta sermones que exploran alguna doctrina o algún problema social relevante para la fe.

IV. Conclusión

No importa el método que escoja, es crucial que un predicador o una predicadora planifiquen responsablemente su calendario regular de predicación. La congregación no debe ser sometida a un programa improvisado, donde el ministro no sabe de qué ha de predicar de semana en semana. Escoger responsablemente los temas y los textos de nuestros sermones es un requisito indispensable para el crecimiento integral de nuestras congregaciones.

TERCERA SECCIÓN
Ejemplos de sermones inductivos

CAPÍTULO 9

Otro lugar

Este sermón basado en Juan 14:1-3 explora los principios del evangelio desde un punto de vista postmoderno y postcolonial. El tema es el siguiente: «Jesucristo está construyendo un lugar alterno para las comunidades oprimidas del mundo». Por lo tanto, es un sermón de desafío profético que busca lograr que la audiencia comience a leer la realidad hispana de una manera distinta. El diseño del sermón es expositivo, y su lógica es inductiva.

El sermón es un tanto académico porque fue predicado originalmente en la Asamblea Bienal de la Asociación para la Educación Teológica Hispana (AETH) celebrada en Austin, Texas, en el verano del 2002. Ofrezco este sermón como un intento de diálogo entre el púlpito hispano y el pensamiento postcolonial.

I. Introducción

El siglo XXI ha comenzado con barruntos de mal tiempo y con presentimientos de tragedias para la humanidad. Nació bajo el signo de la falsa promesa de caos que fue el «Y2K».[1] Continuó con una crisis económica y una guerra que —a pesar de que el gobierno estadounidense se ha negado a aceptarla— ha causado estragos a nivel mundial.

Nuestro mundo enfrenta los desafíos que presentan el fin de la modernidad y del colonialismo que la hizo posible. Una de las consecuencias de la irrupción de la Era Postmoderna —o la Crisis de la Modernidad, de acuerdo a Jameson[2]— es una profunda crisis de valores. Las nuevas generaciones entienden que no hay valores absolutos, pues todo valor es contextual y relativo. En un mundo sin valores fundamentales, la ética personal y social ha quedado en el olvido. El individualismo rampante de la Era Moderna ha parido una sociedad postmoderna obsesionada con la búsqueda del placer y de la prosperidad personal, motivada por un sentido radical de libertad individual. Esta sociedad, donde «yo», «lo mío» y «mis necesidades» son las cosas más importantes, explica cómo y por qué han surgido las crisis morales y financieras que ha sufrido el mundo occidental.

El impacto de los movimientos postcoloniales presenta un desafío aún más profundo y más peligroso que el de la postmodernidad. Baste indicar que las personas que planearon los crímenes del pasado 11 de septiembre de 2001 fueron originalmente adiestradas por agencias de seguridad y de inteligencia estadounidenses. Los movimientos islámicos radicales se han rebelado contra los Estados Unidos en respuesta a las políticas neocoloniales de dicha nación en el Medio Oriente. Estos grupos son los herederos culturales de los movimientos

---

[1] «Y2K» se refiere a la posibilidad de una debacle de los sistemas de información al comenzar el nuevo milenio. Tal debacle nunca ocurrió.

[2] Fredic Jameson (1993): «*Postmodernism, or the Cultural Logic of Late Capitalism*» («Postmodernismo o la cultura lógica del capitalismo tardío») en *Postmodernism: A Reader* (Postmodernismo: un lector), editado e introducido por Thomas Docherty, New York, EE. UU., Columbia University Press, pp. 62-92.

que liberaron a los países árabes del control británico. Por lo tanto, sus violentas acciones están motivadas por cientos de años de coloniaje, opresión y explotación.

Por todas estas razones, afirmo que el comienzo del siglo XXI ha sido crítico y violento. Lo que es más, temo que la crisis que experimentamos hoy no sea más que el principio de los dolores del parto de las sociedades postmodernas y del mundo postcolonial.

II. La fe en tiempos de crisis

Como creyentes, podemos recurrir a la Biblia —la Palabra de Dios— buscando dirección para vivir la fe en tiempos de crisis. Lo más lógico es tratar de discernir lo que nuestros hermanos y nuestras hermanas en la fe hicieron en tiempos de crisis; en tiempos «liminales»,[3] donde terminaba una era y comenzaba una nueva época. Podríamos recurrir a varios textos, tanto de la Biblia Hebrea como del Nuevo Testamento, ya que —hasta cierto punto— la humanidad siempre se ha encontrado entre la fe y la crisis de fe.

Sin embargo, en esta ocasión sugiero ir a un texto que describe la actitud de los discípulos y las discípulas de Jesús ante la crisis que trajo la partida de su Maestro. El cuadro es conocido. Al final del ministerio terrenal de Jesús, las autoridades gubernamentales y las fuerzas de seguridad ansiaban asesinarlo. Entendían que Jesús era un hombre peligroso quien agitaba al pueblo. Pensaban que sus ideas podían incitar a las masas pobres al bandidaje, a la resistencia social y hasta a la revolución. El Evangelio según san Juan describe el cinismo del liderazgo religioso y político de la época, cuando nos cuenta que Caifás

---

[3] S.v. «*Liminality*» (liminal) en *Key Concepts in Colonial Studies* (Conceptos clave en estudios coloniales), editado por Bill Ashcroft, Gareth Griffiths y Helen Tiffin, Londres, Reino Unido, Routledge (1998), pp. 130-131.

justificó ante el Sanedrín el complot contra Jesús diciendo: «... nos conviene que un hombre muera por el pueblo, y no que toda la nación perezca» (Jn. 11:50).

Como todos los buenos profetas, Jesús tenía una gran habilidad para leer los tiempos. Esto le permitió comprender que su muerte era, sencillamente, inminente. Por esta razón, Jesús decidió preparar a sus discípulos para vivir sin Él. En el Evangelio según san Juan, el discurso de despedida comienza en el capítulo 13 y se extiende hasta el final del 17. Debemos notar que las narrativas del capítulo 12 y 13 preparan a la audiencia para el discurso. Del mismo modo, después del discurso, encontramos la historia del asesinato de Jesús. Por lo tanto, podemos afirmar que la cuarta parte del Evangelio según san Juan es pura despedida.

En todo caso, el discurso de despedida comienza al final del capítulo 13, inmediatamente después de que Judas se aparta del grupo para buscar a las fuerzas de seguridad que habrían de asesinar a su Maestro. Jesús enseña mientras espera la llegada de la policía del templo de Jerusalén, que lo apresaría, lo enjuiciaría y lo torturaría antes de asesinarlo. El discurso es largo. Por eso solo los invito a meditar en los primeros tres versículos del capítulo 14.

No se turbe vuestro corazón; creéis en Dios, creed también en mí. En la casa de mi Padre muchas moradas hay; si así no fuera, yo os lo hubiera dicho; voy, pues, a preparar lugar para vosotros. Y si me fuere y os preparare lugar, vendré otra vez, y os tomaré a mí mismo, para que donde yo estoy, vosotros también estéis.

Juan 14:1-3

Jesús dice estas palabras de aliento a un grupo de discípulos derrotados, cuyo pequeño mundo se estaba derrumbando en aquellos momentos. Ellos lo habían dejado todo para seguir a Jesús, abandonando tierra, trabajo y familia. Lo triste es que, después de tanto sacrificio, Jesús anunciaba una súbita partida que amenazaba todo lo que habían construido.

Como de costumbre, las palabras de aliento de Jesús suenan extrañas; no se parecen a las frases que ustedes y yo usamos para consolar a nuestras amistades y a nuestros familiares. No. Jesús no niega su partida ni minimiza su impacto. Por el contrario, afirma que tiene que irse, pues su partida es parte integral de su misión. Ahora bien, Jesús justifica su partida con una frase enigmática e interesante. El Maestro dice: «Voy, pues, a preparar lugar para vosotros» (Jn. 14:2b). Jesús va a preparar un «lugar» para nosotros.

III. Jesús prepara un «lugar»

La palabra *lugar*[4] es sumamente importante para nuestra reflexión. Como sabemos, el pueblo judío era oprimido por el poder colonial romano durante los tiempos de Jesús. Una de las consecuencias del colonialismo es un profundo sentido de dislocación en los pueblos sometidos. Los «lugares» coloniales son redefinidos por la influencia de la metrópolis. Los colonizadores hacen mapas que cambian las fronteras conocidas, ponen nombres nuevos a los lugares de antaño e imponen un lenguaje extranjero como idioma oficial. Con su fuerza militar y su poderío económico, los poderes coloniales minimizan la importancia de nuestros lugares sociales, indicando que los lugares verdaderamente importantes están en las capitales metropolitanas. El tema de la ciudadanía es un ejemplo claro del sentido de dislocación producido por la hegemonía romana. Jesús, quien nació y vivió toda su vida en Palestina, no era «ciudadano». Por esta razón, es asesinado por los romanos en una cruz —la tortura reservada para los extranjeros residentes—. A pesar de estar en su tierra, Jesús era un «extranjero» que no tenía plenos derechos civiles.

---

[4] S.v. «Place» (lugar) en *Key Concepts* (Conceptos clave), op. cit, pp. 177-183.

El pueblo hispano que vive permanentemente en los Estados Unidos sufre en carne propia este sentido de dislocación. Algunos de nosotros somos «extranjeros» en la tierra donde hemos nacido. No tenemos acceso a los centros de poder donde se toman las decisiones que definen nuestras vidas, aun cuando geográficamente vivimos al lado de ellos. Como bien ha dicho el Dr. Fernando F. Segovia, somos permanentemente los «otros» en nuestra propia sociedad.[5]

Juan 14:1-3 contiene una excelente noticia para los pueblos y las personas que no encuentran un «lugar» en el mundo: Jesús ha ido a preparar un «lugar» para nosotros.

IV. Jesús prepara otro «lugar»

El lugar que Jesús fue a preparar no depende de nosotros. Cristo decidió ir a construir este espacio para los pueblos oprimidos, marginados y colonizados. Repetimos, Jesús fue construir «otro lugar».

En este texto, Jesús afirma que construirá «otro lugar» para aquellas personas que vengan a formar parte del proyecto de Dios. Digo «otro lugar» porque es evidente que el lugar que nos promete Jesús es distinto al que ocupamos hoy. Es un lugar alterno, libre de las realidades opresivas que definen el «lugar» colonial ocupado por el pueblo judío de ayer y por el pueblo hispano de hoy.

Para visualizar ese lugar, tenemos que usar la imaginación profética y apocalíptica. Eso fue precisamente lo que hizo la Iglesia Primitiva cuando imaginó el «cielo nuevo» y la «tierra nueva» con el cual concluye el libro de Apocalipsis, y por consiguiente, el Nuevo Testamento.

---

[5] Fernando Segovia: «*Two Places and no Place on Which to Stand: Mixture and Otherness in Hispanic American Theology*» («Dos lugares y ningún lugar en donde estar: mezcla y rareza en la teología hispanoamericana»), *Listening* 27:1, (invierno 1992), p. 31.

> *Vi un cielo nuevo y una tierra nueva; porque el primer cielo y la primera tierra pasaron, y el mar ya no existía más. Y yo Juan vi la santa ciudad, la nueva Jerusalén, descender del cielo, de Dios, dispuesta como una esposa ataviada para su marido. Y oí una gran voz del cielo, que decía: He aquí el tabernáculo de Dios con los hombres, y él morará con ellos; y ellos serán su pueblo, y Dios mismo estará con ellos como su Dios. Enjugará Dios toda lágrima de los ojos de ellos; y ya no habrá muerte, ni habrá más llanto ni clamor, ni dolor, porque las primeras cosas pasaron.*
>
> Apocalipsis 21:1-4

A finales del primer siglo de la era cristiana, la Iglesia Primitiva enfrentó una dolorosa represión a manos del emperador Domiciano. Dicha represión trajo lágrimas, muerte, dolor y clamor —los mismos elementos que no existen en el cielo nuevo y la tierra nueva—. Si seguimos esta pauta, pues, las comunidades hispanas debemos usar nuestra imaginación profética y apocalíptica para visualizar «un cielo nuevo y una tierra nueva» libres de pobreza, de drogas ilegales, de pandillas, de brutalidad policíaca, de prostitución, de sida y de la represión del departamento de seguridad doméstica (conocido en inglés como el *homeland security*), porque en el «otro lugar» que Jesús fue a construir «las primeras cosas pasaron» (Ap. 21:4b).

Para proclamar la realidad del reino que viene, hay que imaginarla primero. El detalle es que hay que imaginarla de una manera contextual, que sea pertinente para nuestro pueblo. Ese lugar alterno —proclamado desde la realidad hispana— será el criterio que nos permitirá criticar a la sociedad actual. Ese lugar —que es «otro»— alimenta la esperanza que nos impedirá perseverar ante la dolorosa realidad de hoy.

V. Jesús vendrá a llevarnos a ese «otro lugar»

Para finalizar, les ruego que leamos una vez más el versículo 3 de Juan 14. Allí el Señor Jesús nos dice: «Y si me fuere y os preparare lugar, vendré otra vez, y os tomaré a mí mismo, para que donde yo estoy, vosotros también estéis».

Esta promesa es uno de los puntales de la fe cristiana: Jesús volverá para llevarnos al «otro lugar» que está construyendo para nosotros.

Lo que me preocupa es si nosotros estamos deseosos y dispuestos a ir con Él. Me preocupa porque las personas que estamos reunidas aquí ocupamos posiciones de liderazgo hoy, aquí y en este lugar.

- Mientras nuestro pueblo pasa hambre, algunos de nosotros tenemos buenos salarios.
- Mientras nuestro pueblo llora y sufre, algunos de nosotros vamos a reuniones en hoteles de lujo para hablar de la pobreza de nuestra gente.
- Mientras nuestro pueblo es aplastado por un sistema opresivo, algunos de nosotros somos los intermediarios entre ese sistema y la comunidad hispana.

Por esta razón, repito mi pregunta. ¿Acaso estamos deseosos y deseosas de irnos con Jesús a ese lugar alterno que está preparando para nosotros? O, por el contrario, estamos tan cómodos en «este lugar» que deseamos que el Señor retarde su regreso. Para hablar aún más claro, lo que les pregunto en esta hora, mis buenos hermanos y mis buenas hermanas, es si en verdad estamos comprometidos y comprometidas con el proyecto de Dios revelado en Cristo Jesús.

Esta es una pregunta importante, porque Jesús volverá para llevar a su pueblo a ese «otro lugar». Su regreso es parte del futuro de Dios para el mundo. Aquellas personas que estén comprometidas radicalmente con el futuro alterno que nos presenta Jesús se irán con Él. Pero aquellas personas, cuyo corazón esté puesto en el sistema actual que beneficia a pocos y oprime a muchos, no tendrán parte ni suerte en el futuro que Dios tiene para su mundo y para su pueblo.

VI. Conclusión

Quiera Dios bendecirnos.

Quiera Dios despertar en nuestros corazones el primer amor que una vez nos condujo a tomar el arduo camino del ministerio cristiano.

Quiera Dios que nuestro compromiso con su pueblo sea tal que podamos gritar a voz en cuello: «Ven, Señor Jesús» (Ap. 22:20b).

CAPÍTULO 10

La casa del extranjero

Este es un sermón expositivo que se basa en todo un libro de la Biblia. Intenta exponer el mensaje central de la primera epístola del apóstol Pedro. Su tema principal es: «Dios llama a su Iglesia a ser una comunidad doméstica para aquellos que viven marginados». Es un sermón educativo que habla sobre la doctrina de la Iglesia, es decir, sobre la eclesiología. Su propósito principal es invitar a la Iglesia a entender su misión de una manera distinta; a comprender que su misión es ser la «casa» del desposeído. Este sermón ejemplifica la forma conocida como el «ojal de Lowry».

1. Alternar el equilibrio

Marta fue a la Iglesia por primera vez en mucho tiempo. Al llegar allí, un diácono amable la acompañó hasta «el banco de los visitantes», donde le indicó que podía sentarse. Al poco rato, comenzó el servicio. El director de esa noche indicó el título de un cántico, y toda la congregación comenzó a cantarlo de memoria... todos menos Marta, puesto que ella no lo conocía. Así transcurrió el servicio, las lecturas, el sermón y llegó el momento en que le pidieron que se pusiera de pie y dijera su nombre. Era el momento de presentar las visitas.

Al terminar el servicio, todos los hermanos se saludaron entre sí con mucho cariño. Sin embargo, a Marta solo le daban la mano y le decían: «Vuelva otra vez»; frase que también fue dicha por el pastor a la salida. Y así Marta salió de la iglesia, con una enorme tristeza, con una inmensa sensación de vacío.

2. *Analizar la discrepancia*

¿Qué pasó, hermanos? ¿Qué sucedió con esta joven que fue a la iglesia buscando cariño y que llego a su casa envuelta en soledad? Quizás su condición emocional era, de por sí, frágil, y su debilidad de ánimo no le permitió experimentar el amor de Dios. Quizás su mente no estaba del todo concentrada en el servicio y por eso no entendió el mensaje de Cristo.

Puede ser que Marta se hubiese sentido extraña, rechazada. Quizás no soportó el ver el amor con que los demás se trataban entre sí y la frialdad con que se dirigían a ella. Los demás eran «hermanos»; ella era visitante. Los demás eran familia; ella era una intrusa. Los demás eran «de la casa»; pero ella era extranjera.

3. *Revelando la clave para la solución*

Extranjera... extranjera... quizás en esta palabra está la clave para entender la situación de Marta; su tristeza consistía en que se sentía extranjera en la iglesia. Ahora bien, hermanos, ¿por qué se sentía extranjera? ¿Qué significa esta palabra para nosotros hoy en la Iglesia? Por definición, el extranjero es el que no pertenece; el que no es aceptado; el que es distinto. El extranjero es el que no tiene familia; el que no tiene casa. El extranjero es el que no tiene derecho; el que no tiene franquicia; el que no puede hacer las cosas con la misma libertad que uno de la casa.

Sin embargo, la Biblia, la Palabra de Dios, nos da un mensaje que puede darle esperanza al rechazado. ¿Saben en qué consiste ese mensaje? Ese mensaje consiste en que Dios ha elegido a los extranjeros, a los rechazados, a los marginados para ser pueblo suyo.

4. *Experimentar el evangelio*

Desde las primeras páginas del Antiguo Testamento, vemos cómo Dios se identifica en forma especial con el extranjero. En el libro de Génesis, Dios llama a Abraham a ser extranjero, diciéndole: «Vete de tu tierra y de tu parentela, y de la casa de tu padre, a la tierra que te mostraré» (Gn. 12:1b). En Éxodo 3, Dios oye a su pueblo cautivo en el extranjero. Es este mismo Dios el que llama a Moisés y le dice: «El clamor, pues, de los hijos de Israel ha venido delante de mí, y también he visto la opresión con que los egipcios los oprimen. Ven, por tanto, ahora, y te enviaré a Faraón, para que saques de Egipto a mi pueblo, los hijos de Israel» (Éx. 3:9-10).

La experiencia de ser extranjero quedó grabada de tal manera en la mente del pueblo israelita que la Ley —el Código del Pacto— recoge las siguientes palabras: «Y no angustiarás al extranjero: porque vosotros sabéis cómo es el extranjero, ya que extranjeros fuisteis en la tierra de Egipto» (Éx. 23:9).

También en el Nuevo Testamento, encontramos el tema de la elección del extranjero. Lo encontramos en la primera epístola del apóstol Pedro. La carta comienza de la siguiente manera: «Pedro, apóstol de Jesucristo, a los expatriados de la dispersión...» (1 P. 1:1).

¿Ven, hermanos? Hay mensaje de Dios para el expatriado, para el extranjero. El mensaje declara que han sido elegidos según la sabiduría de Dios para ser santificados con el Espíritu Santo y para ser rociados con la sangre de Jesucristo, como dice el versículo 2 del primer capítulo.

La buena nueva, el mensaje de evangelio, consiste en que los extranjeros, los expatriados los rechazados, los marginados, los débiles, los pequeños, en fin, que los pecadores hemos sido llamados por Dios para ser salvos.

Ahora bien, quiero que veamos la hermosa imagen que usa el escritor bíblico para explicar el plan de Dios para salvación y, por lo tanto, la misión de la Iglesia.

Si bien, por un lado, el mensaje de 1 Pedro está dirigido al extranjero —esto es, al que no tiene casa ni familia—, por otro lado, el mensaje de la epístola indica que existe:

Un lugar donde el rechazado puede sentirse aceptado;

un lugar donde el pequeño es protegido;

un lugar donde el pecador es perdonado;

un lugar donde el extranjero se convierte en uno más de la casa.

Ese lugar es la Iglesia. Ese lugar es la comunidad de fe. Por eso, el texto bíblico nos dice: «Acercándoos a él, piedra viva, desechada ciertamente por los hombres, mas para Dios escogida y preciosa, vosotros también, como piedras vivas, sed edificados como casa espiritual y sacerdocio santo...» (1 P. 2:4-5).

El mensaje de 1 Pedro nos dice que Dios ha provisto:

Una «casa espiritual» (v. 5) para el que no tiene casa.

Un «linaje escogido» (v. 9) para el que no tiene familia.

Una «nación santa» (v. 9) para el que no tiene patria.

¡Escuchen la buena nueva! ¡Escuchen el evangelio! Por la gracia de Dios somos:

> *... pueblo adquiridos por Dios, para que anunciéis las virtudes de aquel que os llamó de las tinieblas a su luz admirable. Vosotros, que en otro tiempo no erais pueblo, pero que ahora sois pueblo de Dios; que en otro tiempo no habíais alcanzado misericordia, pero que ahora habéis alcanzado misericordia.*
>
> 1 Pedro 2:9-10

Este mensaje es a la vez una buena noticia y una gran responsabilidad. Es noticia para aquellos que hemos vivido sin patria en este mundo. Es responsabilidad para toda la Iglesia que es llamada a ser la casa del marginado; la casa del extranjero. Por tener esta enorme responsabilidad, es que 1 Pedro nos dice que el juicio ha de comenzar por la casa de Dios (1 P. 4:17).

5. Anticipar las consecuencias

Quizás ahora podamos comprender mejor la experiencia de Marta. Ella asistió a una iglesia que había olvidado su pasado y su misión. Había olvidado que una vez todos y cada uno de los que se encontraban en esa iglesia habían sido «visitantes», «extraños», «extranjeros». Y había olvidado que tiene la responsabilidad de ser «casa» y «familia» para el marginado. Y, entonces, yo me pregunto: ¿Acaso nosotros habremos olvidado también nuestra misión para con la comunidad que nos rodea? ¿Estaremos olvidando también nuestra misión? Y en nuestra comunidad, hermanos, ¿hay personas perdidas y solitarias; «extranjeros» necesitados de un lugar? ¿Hay viudas necesitadas de compañía? ¿Hay huérfanos necesitados de cuidados? ¿Hay madres solteras necesitadas de perdón? ¿O alcohólicos necesitados de rehabilitación? En fin, ¿hay en esta comunidad personas que
necesiten oír el mensaje de redención del evangelio? ¿Hay personas necesitadas del amor de Dios?

Pues si hay todo esto en nuestra comunidad, esforcémonos para que haya también una iglesia comprometida que sea casa de Dios; que sea «casa» para el extranjero.

CAPÍTULO 11

El carácter de Dios

Este es un sermón doctrinal basado en Juan 3:16. Su tema central es el siguiente: «La Iglesia debe proclamar el carácter de Dios, según lo revelan las Sagradas Escrituras». Es un sermón de propósito educativo, con lógica inductiva, cuyo fin es exhortar a la audiencia a reflexionar sobre el carácter de Dios. Lo prediqué originalmente en inglés en la Asamblea Regional de la Iglesia Cristiana (Discípulos de Cristo) en Florida, en el 2001. Sin embargo, he predicado la versión en español en varios eventos similares a audiencias compuestas por ministros y líderes laicos.

I. Introducción

Hace un tiempo asistí a un taller de capacitación para personas que están organizando nuevas congregaciones. Una de las actividades del taller consistió en una conferencia sobre métodos de evangelización. Como parte de la conferencia, la persona recurso le pidió al grupo de pastores y pastoras que describieran las frases que usan para invitar a personas nuevas a asistir a la iglesia. Las respuestas a tal pregunta fueron muy interesantes.

- Algunas personas contestaron que, cuando invitan a alguien a visitar su iglesia local, recalcan el entusiasmo de la congregación, la música movida y la adoración contemporánea.
- Otras indicaron que motivaban a la gente a visitar su iglesia porque su pastor era un buen predicador y un excelente maestro de la Palabra de Dios.
- Aun otros señalaban el amor y el compañerismo cristiano como la razón principal para visitar su congregación.

Lo que me sorprendió de estas respuestas no fue lo que dijeron, sino lo que callaron. Ninguna de las personas presentes mencionó a Dios en su respuesta. Es decir, nadie motivaba a los demás a asistir a la iglesia para conocer a Dios, para establecer una relación más profunda con Él o para vivir más cerca de Él. En todos estos casos, Dios estaba ausente del discurso de la iglesia local.

II. El carácter de Dios

Esta experiencia me ha hecho reflexionar sobre el lugar que ocupa Dios en la predicación y la enseñanza de la Iglesia contemporánea. Con tristeza, he llegado a la conclusión de que muchos de nosotros hemos olvidado que el propósito principal de la Iglesia es anunciar quién es Dios y proclamar las grandes cosas que ha hecho en beneficio de la humanidad. Es decir, la Iglesia cristiana tiene la tarea de proclamar el carácter de Dios.

- ¿Cómo se comporta Dios?
- ¿Qué es importante para Dios?
- ¿Qué es agradable a Dios?
- ¿Qué desea Dios para la humanidad?

- En fin, ¿cuál es el carácter del Dios que revela el evangelio de Jesucristo?

Quizás comprendan mejor lo que estoy tratando de decir si comparamos nuestra relación con Dios con nuestras relaciones humanas. Los seres humanos podemos afirmar que conocemos a otra persona cuando podemos dar fe de su carácter. Si conocemos una persona en profundidad, podemos decir si es paciente o colérica; si es activa o pasiva; si es misericordiosa o egoísta. Del mismo modo, la persona que conoce a Dios puede dar testimonio de su carácter, afirmando que es bueno, paciente, misericordioso, honesto, justo, alegre y bondadoso.

Algunos se preguntarán, ¿cómo podemos conocer el carácter de Dios? La respuesta es obvia: por medio de la Biblia. Las Sagradas Escrituras nos revelan a este Dios que liberó al pueblo de Israel del cautiverio en Egipto y que envió a su único hijo a salvarnos. De hecho, podemos decir que el texto bíblico que mejor revela el carácter de Dios es Juan 3:16, que dice: «Porque de tal manera amó Dios al mundo, que ha dado a su Hijo unigénito para que todo aquel que en él cree no se pierda, mas que tenga vida eterna».

III. El Dios misionero

Juan 3:16 nos habla del carácter de Dios de manera elocuente.

1. En primer lugar, afirma que Dios ama al mundo, un concepto que reitera 1 Juan 4:8, cuando declara que «Dios es amor».
2. En segundo lugar, afirma que Dios es misericordioso, dado que ha enviado a su único hijo a salvar a la humanidad que se encuentra esclavizada por las fuerzas de la maldad, el pecado y la muerte.

3. En tercer lugar, afirma que Dios es vida. El Dios revelado en el ministerio, la muerte, pasión y resurrección de Jesucristo es el Dios de la Vida (sí, con «v» mayúscula). Este Dios desea salvarnos de la muerte espiritual y emocional que sufren aquellas personas que viven esclavas de la maldad.

Este corto versículo de la Biblia nos enseña todos estos conceptos acerca de Dios. Creo que esto sería suficiente para comenzar a conocer el carácter divino. Sin embargo, cuando tomamos el texto en su contexto, nos damos cuenta de vque Juan 3:16 tiene un mensaje aún más profundo. Este versículo afirma que el Dios de Jesucristo es el «misionero» por excelencia. Basta releer las primeras líneas del texto para ver que Dios desea salvar a la humanidad perdida. Desea salvarla de la influencia de las fuerzas del pecado y de la muerte. Estas fuerzas malignas nos llevan a la destrucción, tanto de nosotros mismos como de las personas que nos rodean. Existe el mal en el mundo, y los seres humanos necesitamos la ayuda de Dios para superar su influencia.

La buena noticia es, pues, que Dios ha enviado a Jesucristo, su hijo, a salvarnos del poder de las fuerzas del mal. Jesús de Nazaret nos enseña a vivir de forma agradable a Dios, sirviendo a los demás y alcanzando plena madurez como seres humanos. Por medio del ministerio del Espíritu Santo, la presencia del Cristo Resucitado continúa en nuestros medios salvando y sanando a la humanidad perdida. Es esta presencia divina lo que nos permite resistir, enfrentar y hasta desenmascarar tanto a las fuerzas de la muerte como a las personas e instituciones que le sirven de instrumentos.

Notemos, pues, que Dios es quien ha tomado el primer paso.

- Dios es quien se ha revelado en la historia de Israel.
- Dios es quien ha enviado a Jesucristo, su hijo.

- Dios es quien nos capacita con su Espíritu Santo.
- Dios es quien llama a la Iglesia a colaborar en la misión de alcanzar al mundo perdido.
- En fin, Dios es el «misionero» que salva y libera a la humanidad.

IV. Anunciar al Dios de la Vida

La tarea principal de la Iglesia cristiana es anunciar el carácter de Dios a un mundo perdido. Tenemos la responsabilidad de proclamar al Dios de la vida en medio de un mundo esclavizado por las fuerzas de la muerte. Por esta razón, me preocupa tanto nuestro extraño silencio sobre Dios. A veces me pregunto si estamos avergonzados de hablar de Dios en medio de una sociedad que, para todos los efectos prácticos, es atea. Lo que es más, a veces me pregunto si muchos de nosotros también somos funcionalmente ateos, es decir, si vivimos como si Dios no existiera.

Para explicar mi punto, permítanme volver al ejemplo con el cual empecé estas reflexiones.

1. ¿Por qué no le decimos a la gente que deben ir a la iglesia porque necesitan conocer a Dios?
2. ¿Por qué no le decimos a nuestras amistades, nuestros vecinos y nuestros seres amados que necesitan la presencia de Dios para poder vivir con provecho?
3. ¿Por qué presentamos tantas excusas, tratando de llamarle la atención a la gente con trucos publicitarios o con técnicas de mercadeo?

Me temo que la respuesta a estas preguntas puede ser que nosotros mismos no estamos dedicando suficiente tiempo a conocer a Dios. Me temo que algunos de nosotros todavía funcionamos con falsos conceptos de Dios, tales como:

1. «Papá» Dios: Cuando niños, algunos de nuestros familiares nos hablaban de Dios como si este fuera un ancianito celeste. Nos decían: «Pórtate bien, porque si te portas mal, 'Papá' Dios llora». Esto fijaba una falsa idea de Dios en nuestras mentes, como un ser débil e impotente.
2. El Dios violento: Otros aprendimos que Dios era una especie de policía omnisciente que nos castigaba con rudeza cuando hacíamos algo malo. Este tipo de Dios carecía de misericordia, trayendo a la gente al «buen camino» por medio de calamidades y de castigos.
3. El Dios ausente: Aun otros aprendimos que Dios había creado el mundo para que corriera por sí solo. Una vez terminada la creación, Dios se retiró y desde entonces se mantiene al margen de la actividad humana.

V. Conclusión

Sí, hay muchas personas que operan con falsos conceptos de Dios, tales como los que acabamos de enumerar. Creo que son más las personas que no dedican tiempo alguno a pensar en Dios, viviendo como si Él no existiera. La Iglesia de Jesucristo tiene la tarea de predicar al Dios verdadero en medio de un mundo que tiene tantos conceptos falsos sobre Él. Tenemos que combatir los «ídolos» que la gente adora, pensando equivocadamente que están adorando al Dios de Jesucristo.

Dios invita a la Iglesia a compartir su ministerio misionero, recalcando su amor por la humanidad perdida. En este sentido, cuando hablamos de la «misión» de la Iglesia, en realidad estamos hablando de la misión de Dios. La misión es de Dios, no es nuestra.

Aceptemos, pues, la invitación y el mandato de Dios a compartir su misión de salvar a un mundo perdido.

- Prediquemos a este Dios misionero, paciente y amoroso.
- Anunciemos el carácter de Dios, dando a conocer su obra en medio de los tiempos.
- Hagamos el esfuerzo de conocer más y mejor a Dios cada día de nuestra vidas.

Dediquemos, pues, nuestras vidas a anunciar y a conocer al Dios que «de tal manera» nos amó.

CAPÍTULO 12

El secuestro de la verdad

Tomando como base Romanos 1:24-25, este sermón elabora el siguiente tema: «Dios nos llama a vivir en la verdad, aunque el mundo haya perdido la capacidad de discernirla». Por lo tanto, es un sermón temático, de lógica inductiva, que habla de la evangelización, exhortando a la audiencia a discernir y a seguir la verdad. Prediqué este sermón por primera vez en el 2006, en el templo de la Iglesia Cristiana (Discípulos de Cristo) en Espinosa, una comunidad de la ciudad de Dorado, en Puerto Rico.

I. Introducción

Hace unos años, estaba en casa de mi padre cuando recibimos la visita de un vecino. Entre sus muchas profesiones, este caballero es productor asociado de varios programas de la cadena Telemundo. En particular, tiene la responsabilidad de buscar las parejas y las familias que participan en los programas de entrevistas (*talk shows*), donde la gente muchas veces termina insultándose y agrediéndose.

Resulta, pues, que la inmensa mayoría de las parejas que aparecen en estos programas son contratadas por productores, quienes les indican qué deben decir. Sí, así como lo oyen, aproximadamente siete de cada ocho parejas alegan tener problemas que no tienen en realidad. En resumen, la inmensa mayoría de estos programas son falsos.

No obstante, estos programas le dejan mucho dinero a las cadenas de televisión, ya que tienen altos niveles de audiencia, y su costo de producción es mínimo. Además, hay miles de televidentes que viven convencidos de que estos programas presentan problemas reales de familias en necesidad.

II. No podemos ver la verdad

Quizás esta situación, más que un problema, es un síntoma. El problema real es que nuestra sociedad ha perdido la capacidad de discernir entre la verdad y la mentira. El problema real es que nuestra sociedad produce mentiras que parecen verdades. El problema real es que hay personas e instituciones que se dedican a manipular la verdad. Permítanme señalar algunas situaciones donde la línea entre la verdad y la mentira es tan borrosa que apenas podemos discernir la realidad.

1. Los programas de televisión: La televisión es un medio que presenta obras de ficción, donde se da rienda a la fantasía. Sin embargo, ahora la televisión presenta productos donde deliberadamente se manipula la verdad, tales como los *reality shows* y programas de entrevistas (*talk shows*). Lo ridículo es que aun personas que representan al gobierno y a otras instituciones cívicas se prestan a participar en este juego entre la verdad y la fantasía.
2. La publicidad: En los medios de comunicación masiva, encontramos otra de las instancias donde se manipula la

verdad. Me refiero a los anuncios publicitarios. La publicidad comercial tiene el propósito de motivar a la audiencia a comprar ciertos productos y servicios. El problema es que estas agencias publicitarias se sienten en la libertad de manipular la verdad para lograr sus propósitos comerciales. Por eso, exageran los beneficios de sus productos, nos hacen pensar que necesitamos estos productos y que no tenerlos es un problema. De esto modo, el consumidor llega a creer que no tener el producto equivale a carecer de un artículo de primera necesidad.
3. Las relaciones interpersonales: La manipulación de la verdad no solo se da a nivel de la publicidad. También ocurre en situaciones donde se desea manipular el sentido de comunidad. Por ejemplo, en muchas tiendas por departamentos, hay personas contratadas para saludar a los clientes. Los ejecutivos de estas tiendas desean que sus clientes se sientan en familia; desean ofrecer un sentido de comunidad. Sin embargo, ese sentido de comunidad es falso, dado que, al fin y al cabo, la gente que lo saluda o que le da las gracias recibe paga por decirle «bienvenido» y «gracias por su patrocinio».
4. La sexualidad: Las relaciones interpersonales también se deterioran en los niveles más íntimos. Tomemos el caso de la sexualidad. Hay personas jóvenes que ven pornografía y, equivocadamente, piensan que describe de manera adecuada la sexualidad humana. Algunos hasta piensan que los materiales pornográficos son educativos. Sin embargo, la realidad es que la pornografía presenta una visión distorsionada de la sexualidad.
5. La felicidad: En fin, nuestra sociedad manipula la forma como se describe la felicidad. Si usted se deja llevar por los productos culturales, tal parece que para alcanzar la felicidad es necesario ser soltero, tener múltiples parejas

sexuales, recrearse por medio del uso de drogas, alcohol y tabaco, ganar grandes cantidades de dinero sin trabajar y tener todos los artículos de lujo que puedan estar de moda. La idea general es que la felicidad es algo que se puede comprar.

III. Consecuencias del pecado

Las situaciones que he descrito no solo implican que nuestros países están sumidos en una profunda crisis de valores. También implica que nuestra sociedad vive en pecado, dado que el pecado es el secuestro de la verdad. Romanos 1:24-25 dice: «Por lo cual también los entregó Dios a la inmundicia, en las concupiscencias de sus corazones, de modo que deshonraron entre sí sus propios cuerpos, ya que cambiaron la verdad de Dios por la mentira honrando y dando culto a las criaturas antes que al Creador, el cual es bendito por los siglos. Amén».

La Biblia enseña que una de las consecuencias del pecado es la incapacidad para distinguir entre la verdad y la mentira. Las personas que viven en pecado terminan cambiando la verdad de Dios por la mentira del mundo con tal de continuar una vida de pecado.

¿Por qué se lleva a cabo esta transacción? La Biblia explica que el secuestro de la verdad ocurre a causa de la idolatría. Tergiversamos la verdad de Dios para crear nuestras propias verdades alternas. De este modo, fragmentamos la verdad y quedamos a merced de las fuerzas del mal, del pecado y de la muerte. La situación se complica cuando la fuerza de la mentira es tan grande que perdemos la habilidad para enfrentar nuestras propias verdades. El pecado secuestra la verdad, y uno termina creyendo sus propias mentiras. Uno se engaña a uno mismo diciendo que:

- No tiene un problema de violencia.
- No tiene un problema de abuso de drogas o alcohol.
- No quiere a la persona amada.

Usted termina creyendo sus propias mentiras y, por tanto, termina siendo su propio enemigo. La persona que no puede enfrentar la verdad se convierte en su propia enemiga.

IV. Vivir en la verdad

La buena noticia es que es posible vivir en la verdad de Dios, echando a un lado la mentira del mundo. Es posible vivir con integridad. Ahora bien, para poder vivir en la verdad de Dios, es necesario tomar una decisión y sostenerla con firmeza. Hay que vivir de manera contracultural, colocando un signo de interrogación sobre las ofertas que nos hace el mundo.

Las personas jóvenes y adolescentes sufren mucha presión de grupo. Distintos grupos los llaman a vivir y a comportarse de distintas maneras, muchas de las cuales son incorrectas.

- Presión para conformarse a distintos grupos juveniles.
- Presión para experimentar distintas conductas.
- Presión para ser supuestamente distinto, pero haciendo lo que todos hacen.

Una vez más, en un mundo de mentiras, Dios nos llama a ser reales.

V. Conclusión

Dios nos llama a vivir en la verdad.
Dios nos llama a ser auténticos.
Dios nos llama a perseverar en la verdad.
Aunque el mundo haya perdido la capacidad de percibir la verdad, la comunidad cristiana puede mantenerse firme en la verdad de Jesucristo.